Sprache und Lesen

3

Differenzierung

Erarbeitet von
Birgit Behle-Saure
Petra Hubbert
Kai Stäpeler

Cornelsen

Matteo
Dilara
Momo
Milan
Lisa
Frau Koch
Mia
Timo
Leo
Emira
Lina
Umut
Natalia
Janek

Differenzierung auf drei Niveaustufen

★ Aufgaben zur Festigung
(Reproduzieren)

★ Aufgaben zur Anwendung
★ (Zusammenhänge herstellen)

★ Aufgaben zur Vertiefung
★ (Verallgemeinern und
★ Reflektieren)

Das bedeuten die Zeichen

📖 ins Heft schreiben   ↪ verlängern   ⚡ ableiten   Ⓕ Fehler verbessern

	der	die	das
Einzahl	●	●	●
Mehrzahl	○	○	○

☺ war leicht   😐 war mittelschwer   ☹ war schwer

Inhaltsverzeichnis

Inhaltsverzeichnis

Nomen in der Einzahl und in der Mehrzahl

★ ① Unterstreiche die Nomen im Text. Die Namen zählen nicht mit.

Die Pause ist vorbei. Timo kommt traurig in die Klasse.
Er sagt zu Mia: „Meine Brille ist weg. Ich habe sie nur
kurz abgenommen und auf eine Bank gelegt. Und
jetzt ist die Brille weg." Mia tröstet Timo. „Sicher ist
5 sie irgendwo in der Schule. Schau doch mal in
die Fundkiste." Timo sucht und sucht. In der Fundkiste
entdeckt er ein Springseil, einen einzelnen Turnschuh
und sogar ein Matheheft. Die Brille ohne Brille zu finden ist gar nicht
so einfach. Endlich entdeckt er sie auf dem Regal über der Fundkiste.

★★ ② Trage jedes Nomen aus dem Text nur einmal in der Einzahl und
★ in der Mehrzahl in die Tabelle ein. Denke an die Artikel.

Einzahl	Mehrzahl
die Pause	die Pausen
die Klasse	

Nomen in der Einzahl und in der Mehrzahl

① Streiche die sieben kleingeschriebenen Nomen im Text durch. Schreibe sie mit ihrem Artikel und großem Anfangsbuchstaben auf.

die Schule

Inzwischen findet sich Janek in der ~~schule~~ gut zurecht. Er kennt

die namen von allen lehrerinnen. Er weiß, wann pause ist und wo

der hausmeisterraum ist. Besonders gern singt Janek im chor.

Heute will er seine oma anrufen und ihr alles erzählen.

② Manche Nomen gibt es nur in der Einzahl, andere nur in der Mehrzahl. Trage die Nomen in den richtigen Kasten ein. Kennst du noch mehr solcher Wörter? Schreibe sie auf.

Eltern   Milch   Wasser   Ferien   Geschwister   Staub

nur Einzahl	nur Mehrzahl

Der bestimmte und der unbestimmte Artikel

 ① Male den richtigen Artikelpunkt unter jedes Nomen.

Ein Junge ist mit seiner Klasse im Schwimmbad.

Er zieht sich in der großen Kabine um und

holt das Handtuch aus dem Rucksack.

Später bekommt jeder einen Tauchring und eine Schwimmnudel.

② Schreibe die Nomen so auf:

der Junge – ein Junge

③ Setze die fehlenden Wörter ein.

|_____| haben Artikel.

Der, die, das sind |_____| Artikel.

Ein, eine, ein sind |_____| Artikel.

In der Mehrzahl ist der Artikel immer |_____|.

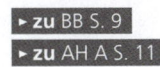
▸ zu BB S. 9
▸ zu AH A S. 11

1. Nomen im Text erkennen und ihnen
das richtige Genus zuordnen
2. Nomen mit bestimmtem und
unbestimmtem Artikel aufschreiben

3. bestimmten und unbestimmten Artikel
reflektieren und definieren

7

Der bestimmte und der unbestimmte Artikel

★★★ ① Setze den bestimmten oder den unbestimmten Artikel ein.

Mia hat [＿＿＿＿] neue Hose.   **eine/die**

[＿＿＿＿] Hose ist sehr modern.   **eine/die**

Es gibt [＿＿＿＿] Lehrerzimmer in unserer Schule.   **ein/das**

[＿＿＿＿] Lehrerzimmer ist im zweiten Stock.   **ein/das**

Heute ist [＿＿＿＿] sehr schöner Tag.   **ein/der**

Vielleicht sogar [＿＿＿＿] schönste Tag der Woche.   **ein/der**

In der Pause spielen die Kinder mit [＿＿＿＿] Ball.   **einem/dem**

[＿＿＿＿] Ball ist schon alt.   **ein/der**

**★★★★ ② Sieh dir das Bild an und vervollständige den zweiten Satz.
Schreibe ähnliche Sätze und male ein Bild dazu.**

Mia kauft sich einen Hut.

Der [＿＿＿＿＿＿＿＿＿＿＿＿]

[＿＿＿＿＿＿＿＿＿＿＿＿]

[＿＿＿＿＿＿＿＿＿＿＿＿]

Texte weitererzählen

★
★ ① Lies den Text und male das letzte Bild fertig.
Schreibe den Text weiter.

Pauline ist im Urlaub am Meer.
Besonders gern spielt sie am Strand.
Gerade buddelt sie mit
ihrer Schaufel ein tiefes Loch.

Sie gräbt tiefer und tiefer, bis sie
plötzlich auf etwas Hartes stößt.
Pauline entdeckt eine alte Holzkiste.
Auf dem Deckel ist ein Totenkopf.

Vorsichtig öffnet Pauline die Kiste.

_____

_____

_____

_____

_____

_____

_____

_____

Regeln finden und aufschreiben

★
★ ①   Schau dir das Bild an und lies die Hinweise.
★   Was machen die Kinder richtig und was falsch?
        Finde Regeln für das gemeinsame Essen und schreibe die Regeln auf.

– abräumen
– nicht zu viel nehmen
– höflich fragen
…

Selbstlaute, Umlaute und Zwielaute

★ ① Markiere in den Wörtern die Selbstlaute rot, die Umlaute grün und die Zwielaute gelb. Zeichne die Silbenbögen ein.

die Kabine	die Königin	das Handtuch	das Zeugnis
die Schüssel	der Frühling	die Bälle	das Schwimmbecken
der Roller	der Junge	die Plastiktüte	der Bär
die Raupe	der Föhn	die Kräuter	der Bleistiftanspitzer

★ ② Setze die Silben zu acht Wörtern zusammen und schreibe die Wörter zum passenden Bild. Zeichne Silbenbögen unter die Wörter.

Di	cher	Lö	er	te	fer
ei	To	gel	Fuß	tel	ma
ser	sau	Was	we	Kä	no
ko	Gür	sen	ri	Bü	ball

★ ③ Kannst du aus den Silben aus Aufgabe 1 und 2 noch andere Wörter bilden? Schreibe sie auf.

▸ zu BB S. 14–15
▸ zu AH A S. 14

1. Selbstlaute, Umlaute und Zwielaute erkennen; Silbenbögen einzeichnen
2. Wörter aus Silben zusammensetzen; Silbenbögen einzeichnen
3. eigene Wörter aus Silben zusammensetzen

11

Wörter mit *a* oder *ä*, Wörter mit *au* oder *äu*

★★ ① Aus **a** wird **ä** , aus **au** wird **äu**.
Schreibe zu jedem Verb einen passenden Satz.
Markiere den veränderten Laut in der richtigen Farbe.

fallen
waschen
laufen
schlafen

Lisa
Frau Koch
Timo
die Flasche

Die Flasche fällt auf den Boden.

★★ ② Welcher Umlaut oder Zwielaut fehlt?
Schreibe zuerst die Einzahl mit dem bestimmten Artikel auf.
Ergänze dann die fehlenden Laute in der Mehrzahl.

der Stuhl   Die St___hle stehen um den Tisch herum.

Umut hat nachts oft lustige Tr___me.

Die V___gel fliegen aufgeregt

auf den B___m.

Europa besteht aus vielen L___ndern.

Eichhörnchen fressen gern N___sse.

An Matteos Hemd fehlen sind zwei Kn___pfe.

▸ zu BB S. 14–15
▸ zu AH A S. 15

1. Sätze unter Berücksichtigung der Stammumlautung von Verben schreiben   2. Stammumlautung von Nomen durch Bildung des Singulars erkennen   12

Mit Tabellen arbeiten

① Lies den Text und markiere die Wochentage rot, die Zeitangaben (Uhrzeiten und Schulstunden) gelb und die Fächer grün.

Die Klasse 3b hat mittwochs und freitags um 8:45 Uhr eine Schulstunde Matheunterricht.

Deutsch ist jeden Tag in der dritten Stunde, nur montags in der ersten.

Englisch ist am Dienstag von 8:45 Uhr bis 9:30 Uhr.

5   Montags haben die Kinder eine Doppelstunde Kunst. Sie beginnt um 10:00 Uhr. Danach ist montags die Schule zu Ende.

Sachunterricht ist am Donnerstag in der vierten und fünften Stunde.

Dienstags und donnerstags beginnt die Schule erst um 8:45 Uhr. Schulschluss ist am Dienstag um 13:15 Uhr, davor hat die Klasse zwei Stunden Schwimmunterricht.

10   Musik ist am Mittwoch und Freitag in der ersten Stunde. Der Förderkurs ist am Mittwoch in der fünften Stunde und am Donnerstag in der sechsten Stunde. Danach ist die Schule an beiden Tagen vorbei.

Am Freitag ist in der vierten Stunde Sport. Anschließend dürfen die Kinder nach Hause ins Wochenende.

② Trage die fehlenden Fächer in den Stundenplan ein.

Stundenplan der Klasse 3b

Zeit	Montag	Dienstag	Mittwoch	Donnerstag	Freitag
8:00–8:45					
8:45–9:30	Mathe			Mathe	
10:00–10:45					
10:45–11:30		Mathe	Englisch		
11:45–12:30					
12:30–13:15					

Mit Tabellen arbeiten

★★ ① Lies die Tabelle und ergänze im Text die Lücken.

Essensplan für die Woche vom 03.09.–10.09.

	Montag	Dienstag	Mittwoch	Donnerstag	Freitag
Vor-speise	Suppe	Tomaten-salat	Minipizza	Suppe	Gurkensalat
Haupt-gericht 1	Spinatpizza	Apfelpfann-kuchen	Spagetti mit Tomatensoße	Bratwurst, Kartoffeln und Pilze	Fisch-stäbchen, Kohlrabi und Pommes
Haupt-gericht 2	Schnitzel, Kartoffelbrei und Möhren	Gemüsereis	Würstchen mit Kartoffel-salat	Milchreis	Kartoffel-suppe
Nach-speise	Schoko-pudding	Joghurt	Vanille-pudding	Rote Grütze	Fruchtquark

Suppe gibt es am [＿＿＿＿＿＿＿＿] und am [＿＿＿＿＿＿＿＿] als

Vorspeise und am [＿＿＿＿＿＿＿＿] als Hauptgericht. An [＿＿＿＿＿＿]

Tagen können die Kinder ein süßes Hauptgericht wählen.

Fischstäbchen gibt es am [＿＿＿＿＿＿＿＿].

Wenn man kein Fleisch und keinen Fisch essen möchte, hat man

in der Woche insgesamt [＿＿＿＿＿＿＿] Hauptgerichte zur Auswahl.

★★ ② Stelle dir aus der Tabelle dein Lieblingsessen zusammen.

Vorspeise: [＿＿＿＿＿＿＿＿＿＿＿＿＿＿＿＿＿＿＿＿]

Hauptgericht: [＿＿＿＿＿＿＿＿＿＿＿＿＿＿＿＿＿＿]

Nachspeise: [＿＿＿＿＿＿＿＿＿＿＿＿＿＿＿＿＿＿＿]

Nomen in der Mehrzahl

★ ① Schreibe zu allen Nomen die Mehrzahl.
Markiere, was sich in der Mehrzahl verändert.

Einzahl	Mehrzahl am Ende mit e	Einzahl	Mehrzahl am Ende mit n
der Arzt	die Ärzte	der Affe	
der König		die Hexe	
das Schaf		der Junge	

Einzahl	Mehrzahl am Ende mit er	Einzahl	Mehrzahl am Ende mit en
das Huhn		der Herr	
das Bild		die Frau	
das Blatt		das Bett	

Einzahl	Mehrzahl am Ende mit s	Einzahl	Einzahl wie Mehrzahl
das Zebra		der Bäcker	
der Opa		der Esel	

★★ ② Suche noch mehr passende Wörter in der Wörterliste und
schreibe sie auch in die Tabellen.

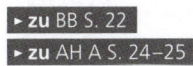
▸ zu BB S. 22
▸ zu AH A S. 24–25

1. Pluralformen der Nomen bilden;
Stammvokalwechsel und Endungen
markieren

2. Nomen in der Wörterliste (im
Wörterbuch) suchen und einordnen

15

Nomen in der Mehrzahl

★★ ① Trage die Nomen in der Mehrzahl in die richtigen Tabellen ein.

die Oma   die Leiter   das Dorf

der Lehrer   die Maus   der Mensch

Mehrzahl am Ende mit **e**	Mehrzahl am Ende mit **n**	Mehrzahl am Ende mit **er**

Mehrzahl am Ende mit **en**	Mehrzahl am Ende mit **s**	Mehrzahl wie Einzahl

★★ ② Suche die Nomen in der Wörterliste.
Auf welcher Seite hast du sie gefunden? Schreibe auf.

Mehrzahl	Seite	Mehrzahl	Seite
die Hunde	___	die Duschen	___
die Frösche	___	die Wälder	___
die Nägel	___	die Körbe	___

★★★★ ③ Ergänze den folgenden Satz.

In der Wörterliste suche ich Nomen nicht in der Mehrzahl,

sondern in der _____ .

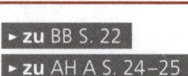
► zu BB S. 22
► zu AH A S. 24–25

1. Nomen nach Pluralformen sortieren; Pluralformen bilden   2. Pluralformen in der Wörterliste finden   **16**
3. Wörterliste analysieren

Zusammengesetzte Nomen

★ ① Bilde zusammengesetzte Nomen und schreibe sie auf.
Markiere immer das **s** zwischen den beiden Nomen.

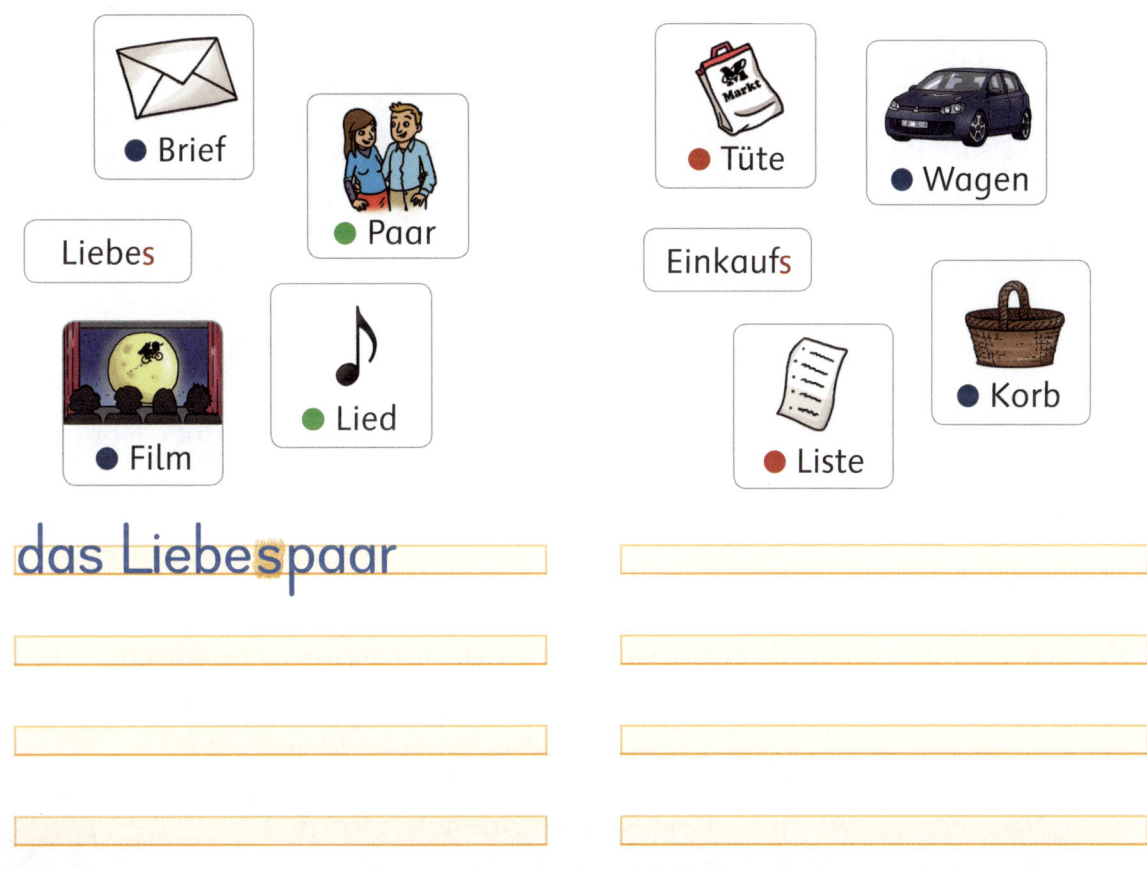

das Liebe**s**paar

★ ② Bilde sinnvolle Nomen und schreibe sie auf.

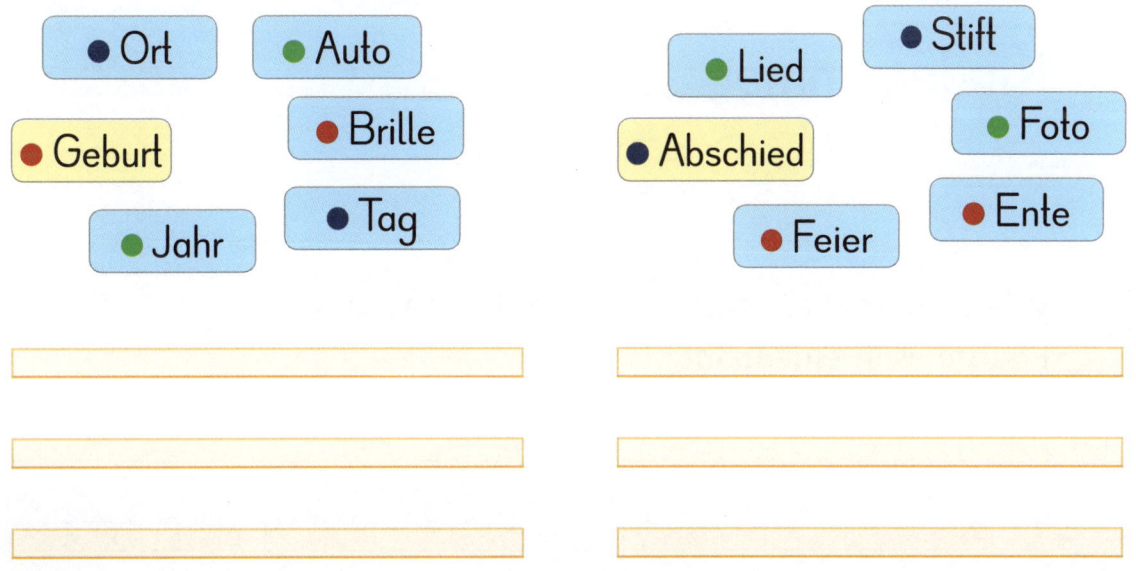

Zusammengesetzte Nomen

 ① Bilde zusammengesetzte Nomen und trage sie passend in die Lücken ein.

● Zeitung   ● Stunde   ● Schlüssel   ● Ei

● Frühstück   ● Wohnung   ● Unterricht   ● Bericht

Eine _____ dauert meist 45 Minuten.

Mit dem _____ kannst du die Tür öffnen.

Ein _____ informiert dich über Neuigkeiten.

Manchmal essen wir morgens ein _____ .

 ② Manchmal werden Nomen auch anders zusammengesetzt.
Suche im Text die zusammengesetzten Nomen und schreibe sie auf.

Mias Mutter kommt ins Kinderzimmer und ruft:
„Mia, komm, wir gehen ein Schokoladeneis essen!"
Mia nimmt ihre Sonnenbrille vom Bücherregal.
Dann gehen sie los. Vor dem Blumenladen
treffen sie Umut. Er kommt auch mit.
Zusammen genießen sie in der Sonne ihr Eis.

Kinderzimmer, _____

_____

 ③ Wie wurden diese Nomen zusammengesetzt?
Erkläre es in einem Satz.

_____

_____

▶ zu BB S. 23
▶ zu AH A S. 26–27

1. Komposita mit Fugen-s bilden und
passend einsetzen
2. andere Form der Kompositabildung
erkennen und

3. analysieren

18

Ein Akrostichon schreiben

★ ① Lies das Gedicht. Solche Gedichte nennt man Akrostichon.

G eschenke bekommen

E inladungen schreiben

B esuch erwarten

U nfälle erleben

R atespiele planen

T ee trinken

S üßigkeiten naschen

T anzspiele veranstalten

A pfelkuchen essen

G äste verabschieden

★ ② Schreibe nun selbst ein Akrostichon, z. B. zu „Fest", „Feier" oder
★   „Ausflug". Gestalte die ersten Buchstaben besonders schön.

Gedichte schreiben

★ ① Lies das Gedicht.

Wer es nicht kann …

… wird gefressen!

Der Bärenführer

Ein Bärenführer ist ein Mann,
der einen Bären führen kann.

Wem es an dieser Kunst gebricht,
der führt den Bären besser nicht.

Sonst wird er unterwegs zumeist
vom Bären, den er führt, verspeist.

Dasselbe gilt auch für den Panther,
nur schreitet der viel eleganter.

Drum wollen wir zusammenfassen:
Wer es nicht kann, soll's lieber lassen.

Richard Bletschacher

★★
★ ② Schreibe nun selbst ein Gedicht, z. B. vom
Adlerfänger oder Tigerträger.
Du kannst auch noch andere Wörter ändern.

Der Löwenjäger
Der Löwenjäger ist ein Ma
der einen Löwen jagen kan

Dasselbe gilt auch für den Panther,
nur schreitet der viel eleganter.

Drum wollen wir zusammenfassen:
Wer es nicht kann, soll's lieber lassen.

Lange und kurze Selbstlaute

★ ① Sprich dir die Wörterpaare leise vor.
Markiere die farbigen Selbstlaute mit ● oder –.
Schreibe die Wörter in die Tabelle.

langer Selbstlaut	kurzer Selbstlaut
Wal	Wald

Wald – Wal
Dose – Donner
Bad – Bart
rollen – rot
Kunst – Kugel
Esel – essen
baden – backen
Suppe – super
Mutter – Mut
schmutzig – schmusen
Tomate – Trommel

★ ② Zähle die Mitlaute nach den markierten Selbstlauten.
★ Ergänze den folgenden Satz.

Vor _____ oder _____ Mitlauten

wird der Selbstlaut kurz gesprochen.

Lange und kurze Selbstlaute

 ① Male das richtige Kästchen an. Schreibe die Wörter auf.

Ka [t / **tz**] e 　　 Pu [p / pp] e 　　 Zu [k / ck] er 　　 Re [g / gg] en

Katze

 ② Achtung! Einige Fremdwörter werden statt mit **tz** oder **ck** mit **zz** oder **kk** geschrieben. Löse das Rätsel.

● Brokkoli 　　 ● Akkordeon 　　 ● Akku

● Skizze 　　 ● Pizza 　　 Marokko 　　 ● Puzzle 　　 ● Makkaroni

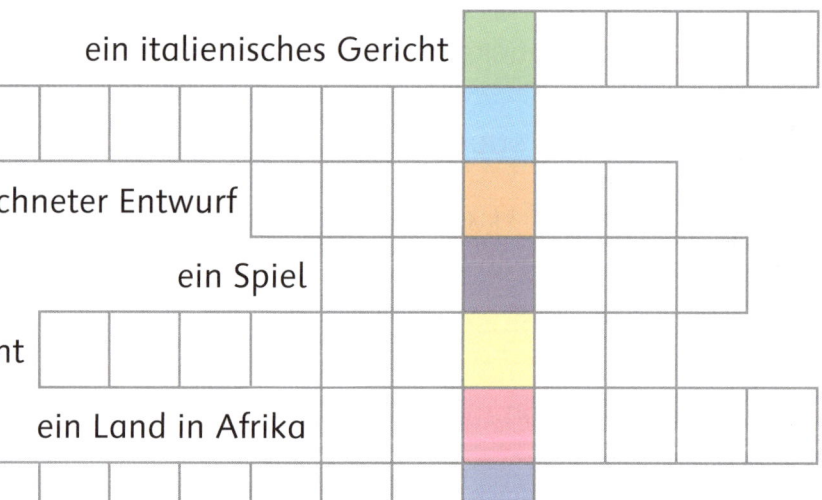

ein italienisches Gericht				
eine Nudelsorte				
ein gezeichneter Entwurf				
ein Spiel				
ein Musikinstrument				
ein Land in Afrika				
ein grünes Gemüse				
eine aufladbare Batterie				

Natalia geht mit ihrer Familie heute in eine  .

Gedichte untersuchen

 ① Lies das Gedicht.

Wann Freunde wichtig sind

Freunde sind wichtig
zum Sandburgenbauen,
Freunde sind wichtig,
wenn andre dich hauen,
Freunde sind wichtig
zum Schneckenhaussuchen,
Freunde sind wichtig
zum Essen von Kuchen.

Vormittags, abends,
im Freien, im Zimmer …
Wann Freunde wichtig sind?
Eigentlich immer!

Georg Bydlinski

 ② Beantworte die folgenden Fragen.

1. Wie heißt die Überschrift?

2. Wie heißt der Autor?

3. Wie viele Verse hat das Gedicht?

4. Wie heißen die Reimwörter?

bauen – hauen,

5. Wann sind dir deine Freunde wichtig?

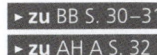
1. ein Gedicht lesen   2. Fragen zu einem Gedicht beantworten; Fachwörter kennen   **23**

Gedichte untersuchen

★★ ① Male die Reimwörter in derselben Farbe an. Verbinde die Versteile.

Wir

Ich bin ich

Wenn ich rede,

Wenn du sprichst,

weil ich dich

Wenn du fällst,

und du fängst mich,

Wenn du kickst,

pfeif ich Angriff,

Spielst du pong,

und du trommelst,

hörst du zu.

helf ich dir auf,

und du bist du.

dann bin ich still,

steh ich im Tor,

verstehen will.

wenn ich lauf.

schießt du vor.

wenn ich sing.

dann spiel ich ping,

Allein kann keiner diese Sachen,
zusammen können wir viel machen.
Ich mit dir und du mit mir –
das sind wir.

Irmela Brender

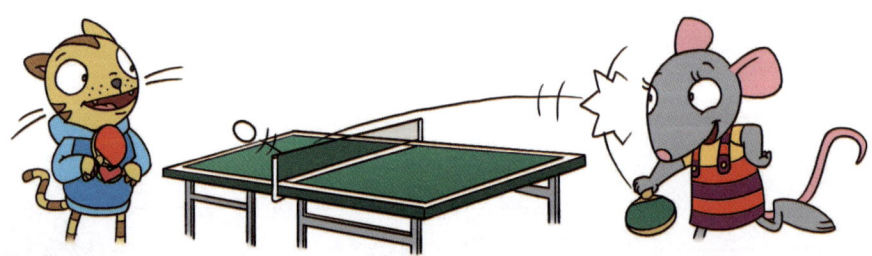

▶ zu BB S. 30–31
▶ zu AH A S. 33

1. Reimwörter erkennen;
Verse passend zuordnen

24

Verben in der Grundform und in der Personalform

★ ① Setze die Verben in der richtigen Form ein.

ich fahre

du

sie

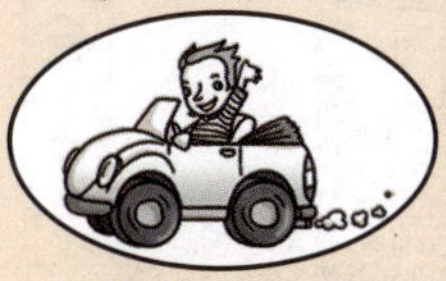

ihr

wir

fahren

er

sie

es

ich

du

sie

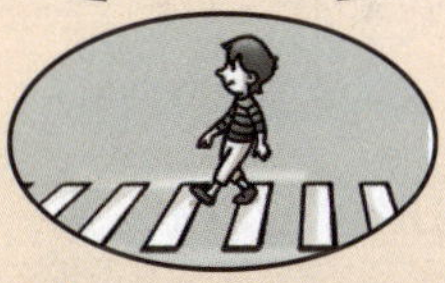

ihr

überqueren

er

sie

wir

es

★
★ ② Suche dir selbst ein Verb aus und setze es in der richtigen Form ein.
★　　Male ein passendes Bild.

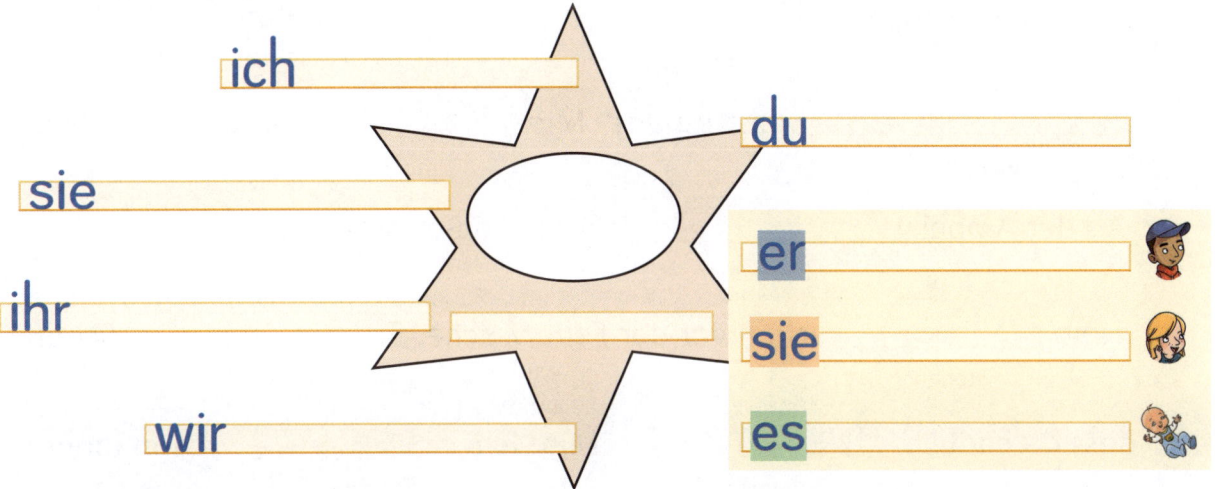

ich

du

sie

er

ihr

sie

wir

es

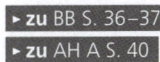

Verben in der Grundform und in der Personalform

 ① Setze die Verben in der richtigen Form ein.

Natalia, Janek und Mia [＿＿＿＿＿＿] vor dem Stadtplan.
　　　　　　　　　　　　stehen

Mia [＿＿＿＿＿＿] die Feuerwache. Sie [＿＿＿＿＿＿] Janek und Natalia:
　　　suchen　　　　　　　　　　　　　　fragen

„[＿＿＿＿＿＿] ihr, wo die Feuerwache ist? Ich [＿＿＿＿＿＿] mich dort
　wissen　　　　　　　　　　　　　　　　　　　treffen

mit Timo." Janek und Natalia [＿＿＿＿＿＿] Mia. Janek [＿＿＿＿＿＿]
　　　　　　　　　　　　　　helfen　　　　　　　　　entdecken

die Feuerwache zuerst. Er [＿＿＿＿＿＿] auf den Stadtplan.
　　　　　　　　　　　　zeigen

„Hier, sie [＿＿＿＿＿＿] gegenüber der Polizeiwache. Wenn du in
　　　　　liegen

die Kölner Straße [＿＿＿＿＿＿] und dann die Bahnhofstraße
　　　　　　　　abbiegen

[＿＿＿＿＿＿], bist du da!" Mia [＿＿＿＿＿＿] sich auf den Weg.
überqueren　　　　　　　　　　machen

An der Ampel [＿＿＿＿＿＿] sie die Bahnhofstraße.
　　　　　　überqueren

Timo [＿＿＿＿＿＿] schon vor der Feuerwache. Er [＿＿＿＿＿＿]: „Schön,
　　　stehen　　　　　　　　　　　　　　sagen

dass du endlich [＿＿＿＿＿＿], Mia. Ich [＿＿＿＿＿＿] schon lange."
　　　　　　　kommen　　　　　　　　warten

Pronomen gehören zu Nomen

★★ ① Verbinde, was zusammengehört.

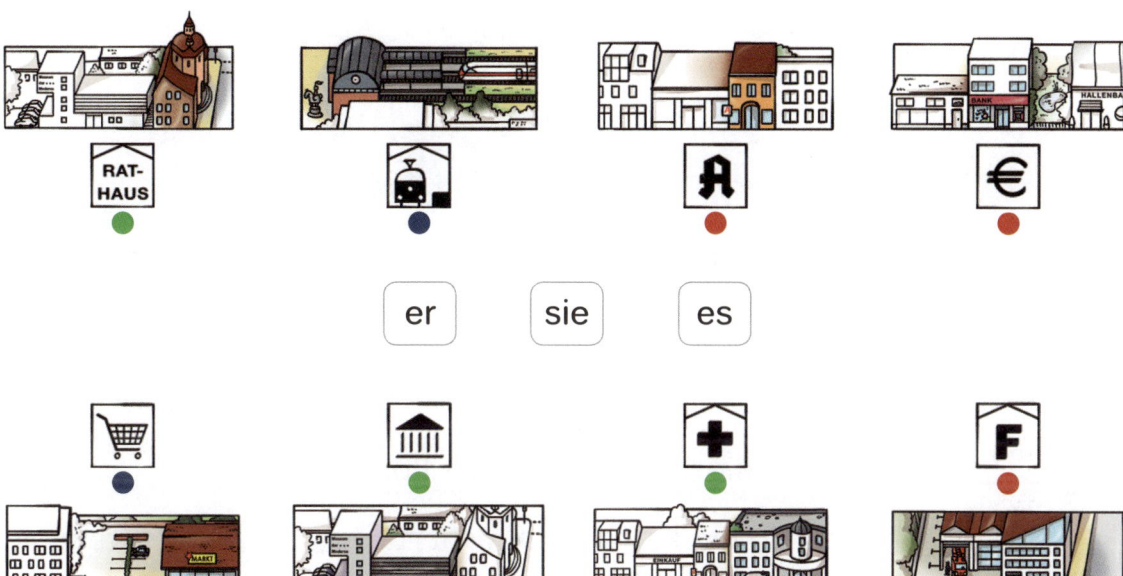

er   sie   es

---

 ② Setze die Pronomen ein und markiere sie in der richtigen Farbe.

Das Hallenbad war lange geschlossen. wurde umgebaut.

Jetzt hat ⬜ wieder geöffnet.

Janek ist auf dem Weg ins Hallenbad. ⬜ hat
sein Schwimmzeug und seine Taucherbrille dabei.

Natalia wartet dort schon auf ihn. ⬜ hält einen Wasserball
in der Hand.

Die Kabinen sehen aus wie vorher.

⬜ sind noch immer ein wenig eng.

Die neue Rutsche ist 80 Meter lang.

⬜ ist die längste in der Stadt.

Die Kinder rutschen sofort.

⬜ haben Spaß.

Pronomen verwenden

① Setze die Pronomen ein.

Draußen regnet **es** . Emira schaut aus dem Fenster.

_____ wartet auf Timo. Endlich klingelt _____ . Emira macht auf.

_____ trägt schon ihre Gummistiefel und ihren Regenhut.

Timo hat eine Regenjacke an. _____ freut sich Emira wiederzusehen.

_____ gehen die Treppe hinunter. Draußen sammeln Emira und Timo

kleine Stöckchen. _____ legen die Stöckchen auf das Wasser einer Pfütze.

_____ spielen, dass die Stöckchen kleine Boote sind.

Das macht Spaß. So merken sie gar nicht, dass _____ stärker regnet.

Timos Kleidung wird immer nasser.

Nach einiger Zeit beginnt _____

zu frieren. Darum gehen Emira

und Timo wieder hinein.

_____ spielen in der Wohnung weiter.

② Finde die passenden Nomen und verbinde.

Timo liegt krank im Bett. Emira ist zu Besuch.

Sie tröstet ihn, weil es ihm nicht gut geht.

Timos Vater kommt herein und bringt Emira und Timo eine heiße Milch.

Sie schmeckt ihnen gut und er lässt sie wieder allein.

Emira liest Timo ein Buch über Piraten vor.

Es gefällt ihm, weil er sie besonders mag.

Name: Datum:

Einen Weg beschreiben

★
★ ① Beschreibe Timos Weg. Der Stadtplan und die Wörter helfen dir.

geradeaus   links   abbiegen   überqueren   rechts

● der Zebrastreifen   ● die Ampel   dann   danach

Piktogramme

① Was trifft zu? Kreuze an.

Das Zeichen ist ein ☐ einfaches Bild.

☐ schönes, buntes Bild.

Das Zeichen verrät ☐ ohne Worte, wofür es steht.

☐ mit Worten, was es meint.

Das Fachwort für ein solches Zeichen ist „Piktogramm".

② Welche der Bilder sind Piktogramme? Kreuze an.

 ☐  ☐  ☐  ☐

 ☐  ☐  ☐  ☐

③ Zeichne Piktogramme für diese Räume in der Schule.

Kunst	Musik	Sport	Computer

Essen	Lehrerzimmer	Sekretariat	Bücherei

▸ zu BB S. 35
▸ zu AH A S. 38

1. ein Piktogramm analysieren
2. Piktogramme erkennen
3. Piktogramme zeichnen

Nomen verlängern ↪

★ ① **b** oder **p**, **d** oder **t**, **g** oder **k**? Bilde erst die Mehrzahl. Ergänze dann den fehlenden Buchstaben und schreibe das Wort in der Einzahl. Zeichne die Silbenbögen ein.

die Bur**g** → die Burgen → die Burg

das Kin__ → _____ → _____

der Die__ → _____ → _____

der Ber__ → _____ → _____

das Pfer__ → _____ → _____

der Pira__ → _____ → _____

das Bil__ → _____ → _____

die Ban__ → _____ → _____

★★ ② **b** oder **p**, **d** oder **t**, **g** oder **k**? Finde ein verwandtes Wort. Ergänze dann den fehlenden Buchstaben.

der San**d**   sandig   der Tra__ _____

das Lo__ _____   das Gol__ _____

der Stau__ _____   der Rau__ _____

die Gedul__ _____   der Nei__ _____

Nomen verlängern ↪

★★ ① Welche Schreibweise ist richtig? Male an.

Momo und Mia besuchen den Ta[g/k] der offenen Tür der Feuerwehr.

In der großen Halle parkt ein Fahrzeu[g/k] mit einer langen Drehleiter

und einem Rettungskor[b/p]. Am Einsatzor[d/t] tragen die Feuerwehrleute

einen Schutzanzu[g/k] und ein Atemschutzgerä[d/t]. Ein Feuerwehrmann

erzählt Momo und Mia, dass er über die Drehleiter einmal ein Kin[d/t]

in Sicherheit gebracht hat. Für Momo und Mia ist er ein Hel[d/t].

★★ ② Löse das Rätsel. ▢ Überlege: d oder t? ▢ Überlege: g oder k?

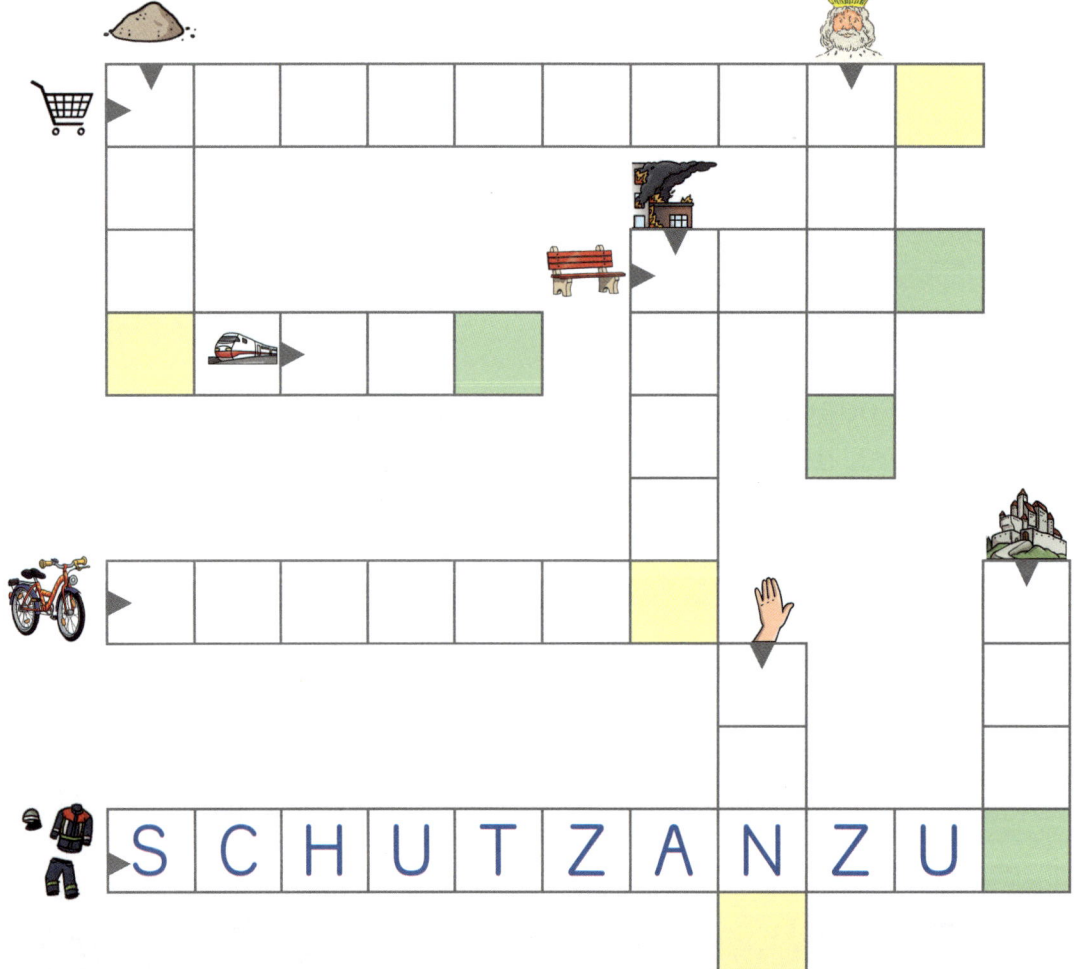

Fragen beantworten

★ ① Lies den Text.

Die Feuerwehr

Die Feuerwehr rettet Menschen und Tiere, löscht Brände, birgt verunglückte Fahrzeuge und versucht Menschen vor Gefahren zu schützen.

Die erste Feuerwehr entstand im Jahr 21 v. Chr. im alten Rom. Dort war sie auch dringend notwendig, da sich das Feuer sehr schnell über die zum Teil aus Holz gebauten und dicht nebeneinander stehenden Häuser ausbreiten konnte.

Heute gibt es die Berufsfeuerwehr und die freiwillige Feuerwehr. Kinder und Jugendliche können in der Jugendfeuerwehr schon viele Aufgaben von Feuerwehrleuten erlernen und üben.

Die Feuerwehr löscht nur sehr große und gefährliche Brände zunächst von außen nach innen. Wenn ein Brand kleiner ist oder wird, dringen die Feuerwehrleute mit ihren Schläuchen in das Haus ein. So können sie das Feuer gezielter löschen und richten mit dem Wasser weniger Schaden an.

★ ② Ordne die Überschriften den Abschnitten zu.
Schreibe für den letzten Abschnitt selbst eine Überschrift.

◯ Wer arbeitet bei der Feuerwehr?

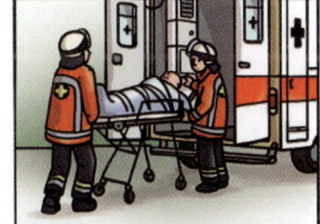

◯ Die Feuerwehr im alten Rom

◯ Aufgaben der Feuerwehr

④ [_____]

Fragen beantworten

 ① Lies die Fragen genau. Unterstreiche im Text auf **Seite 33** die entsprechenden Stellen in der passenden Farbe.

1. Wie lautet die Überschrift? Unterstreiche <u>rot</u>.
2. Welche Aufgaben hat die Feuerwehr? Unterstreiche <u>blau</u>.
3. Wann entstand die erste Feuerwehr? Unterstreiche <u>gelb</u>.
4. Wann dringen Feuerwehrleute in das Haus ein? Unterstreiche <u>grün</u>.

② Bilde passende Fragen und beantworte sie.

Warum war _____

_____ ?

Die Feuerwehr im alten Rom war dringend notwendig, da ____

_____

_____

Wie löscht _____ ?

Einen sehr großen und gefährlichen Brand löscht ____

_____

Warum dringen _____ ?

_____

Die Feuerwehrleute dringen in das Haus ein, weil ____

_____

Mit Adjektiven vergleichen

★ ① Trage die Vergleichsstufen ein.

stärker

alt

gut

★★ ② Vergleiche immer mit drei Sätzen. Unterstreiche die Adjektive.
★

tief

Dilara taucht _tief_.

hell

Der Mond ist _heller_.

viel

▸ **zu** BB S. 52
▸ **zu** AH A S. 56

1. Vergleichsstufen bilden, auch
unregelmäßige Formen, z. B. *gut*

2. Vergleichsstufen im Satz-
zusammenhang anwenden

35

Mit Adjektiven vergleichen

★
★ ① Trage die Adjektive in der Grundstufe oder einer passenden
 Vergleichsstufe in den Text ein.

gut   viel   sportlich   schnell

Umut denkt über sich nach:

Er versteht sich _____ mit Lisa, aber noch _____ versteht

er sich mit Matteo. Denn beide spielen gern Fußball.

Doch _____ versteht sich Umut mit seinem kleinen Bruder

Murat. Sie sind immer füreinander da. Umut weiß _____ über Elefanten

und noch _____ über Dinosaurier. _____ weiß er aber

über die Bundesliga. Doch _____ ist Umut nicht. Milan ist

zum Beispiel viel _____ ! _____

in der Klasse ist allerdings Matteo: Er springt und wirft weit und rennt

_____. Dafür kann Umut _____

rechnen. Manchmal rechnet er sogar _____ als Frau Koch!

★
★ ② Drei der Adjektive haben keine Vergleichsstufen.
★ Kreise diese Adjektive ein.
★ Finde ein weiteres Adjektiv ohne Vergleichsstufen.

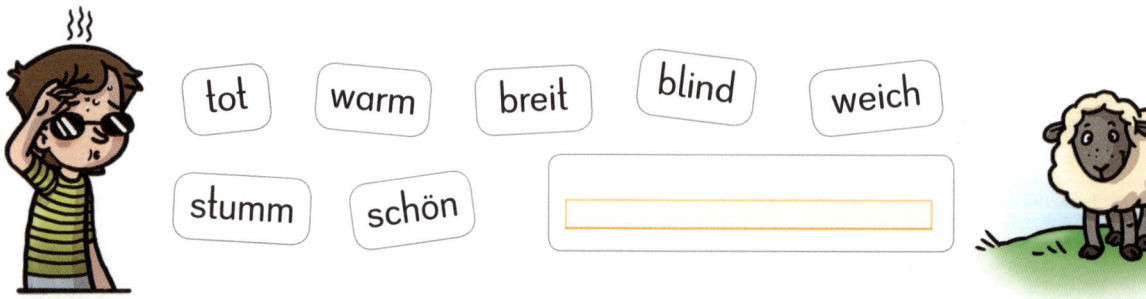

tot   warm   breit   blind   weich

stumm   schön   _____

▸ zu BB S. 53
▸ zu AH A S. 57   1. Vergleichsstufen im
Textzusammenhang anwenden   2. Absolutadjektive erkennen   36

Personalpronomen verwenden

★ ① Schreibe die passenden Fragen und Antworten in die Sprechblasen.

Machst du mir bitte einen Kakao?

machen

Ich mache dir einen Kakao.

vorlesen

anschalten

bringen

► zu BB S. 51
► zu AH A S. 52
    1. Sätze mit den Personalpronomen *mir*
und *dir* schreiben
    37

Personalpronomen verwenden

Umut ist krank.
Ich soll ihm die Hausaufgaben
vorbeibringen.

★★ ① Trage die richtigen Pronomen in die Satzlücken ein.

★★ ② Markiere Nomen und Pronomen wie im Beispiel.

Mia hat
das Mathebuch vergessen.
Können Sie [____]
eins leihen?

Natalia ist hingefallen.
Ich soll [____] ein Kühlkissen
besorgen.

Dilara
versteht den Text nicht.
Können Sie [____] bitte helfen?

Ich habe
Umuts Lineal gefunden! Ich werde
[____] das Lineal zurückgeben,
wenn er wieder gesund ist.

Herr Müller braucht
den Turnhallenschlüssel.
Sie sollen [____] den Schlüssel
bitte gleich vorbeibringen.

Eine Geschichte weiterschreiben

★ ① Lies die Geschichte.

Es war einmal ein Junge, der hieß Sebastian Forkel. Und da sich Forkel ein bisschen wie Ferkel anhört, nannten ihn alle nur Schweinchen. Aus irgendeinem unerfindlichen Grunde hatte Schweinchen einfach ein bisschen mehr Pech als die anderen. Aber es sollte noch viel schlimmer
5 kommen.
Da Sebastian ein miserabler Fußballer war, wollte ihn niemand in seiner Mannschaft haben. „Wenn das so ist", sagte schließlich der Sportlehrer, „dann gehst du bei der B-Mannschaft ins Tor." So wurde Sebastian Torwart bei den Schlechten. Sie hatten von Anfang an keine Chance.
10 Schon nach fünf Minuten gab es Strafstoß für den Gegner. Alle hätten ihn gehalten. Nur Sebastian nicht. Der hatte ja die Augen zu. Armer Sebastian. Von nun an sagte keiner mehr Schweinchen zu ihm. „Du bist 'ne dumme Sau!!!!", brüllten die Mitspieler. Sebastian weinte auf dem ganzen Weg nach Hause. Und heulte sich nachts in den Schlaf.
15 Drei Tage und drei Nächte lang. Dann, mitten in der vierten Nacht, öffnete sich plötzlich die Tür und herein kamen die dicksten, fettesten, rosigsten Schweine, die er je gesehen hatte. Und das dickste, fetteste und rosigste von allen hatte sogar
20 eine Krone auf. „Sebastian", grunzte es. „Ich bin der Schweinekönig. Meine Minister und ich sind gekommen, um dir zu helfen."

Werner Holzwarth und Henning Löhlein

★
★ ② Schreibe das Gespräch zwischen Sebastian und dem Schweinekönig
★ weiter.

Sebastian: [   ]

Schweinekönig: [   ]

Sebastian: [   ]

Schweinekönig: [   ]

Eine Geschichte weiterschreiben

★
① Wie helfen der Schweinekönig und seine Minister Sebastian?
★ Schreibe auf.

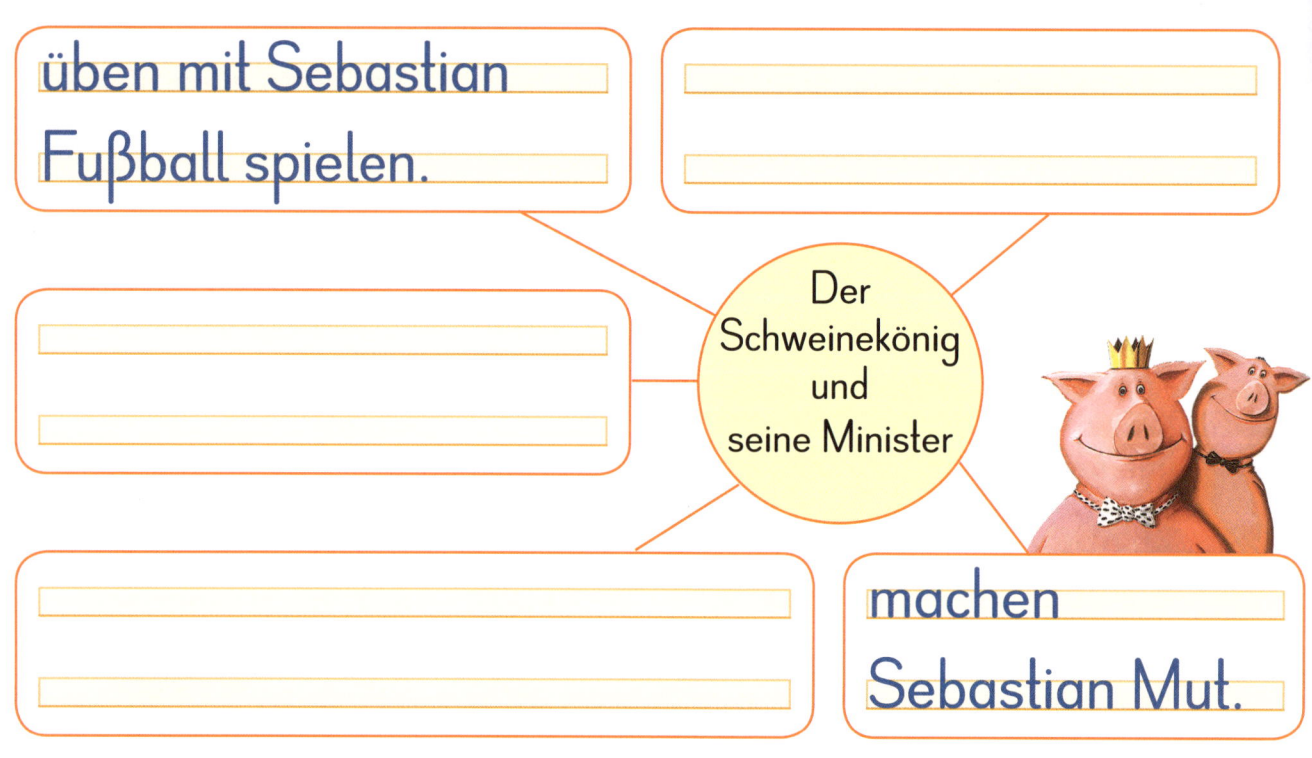

üben mit Sebastian Fußball spielen.

Der Schweinekönig und seine Minister

machen Sebastian Mut.

★
② Male, wie deine Geschichte weitergeht und endet.
★ Der Geschichten-Faden kann dir dabei helfen.

★
③ Schreibe deine Geschichte ins Heft.
★

Adjektive mit *b*, *d*, *g* am Ende verlängern ↪

★ ① Bilde zuerst eine Wortgruppe. Schreibe dann als Satz.

| gifti◆ | der giftige Pilz |
| | Der Pilz ist giftig. |

| kurvi◆ | |
| | |

| safti◆ | |
| | |

| trü◆ | |
| | |

| run◆ | |
| | |

| gesun◆ | |
| | |

| gel◆ | |
| | |

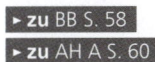

Adjektive mit *b*, *d*, *g* am Ende verlängern ↪

 ① Trage die fehlenden Buchstaben ein.

Murat ist trauri___. Er ist kran___. Er friert, ihm ist ganz kal___.

Hungri___ ist er nicht, aber dursti___. Gut, dass Umut gesun___ ist und

ihm etwas zu trinken holt, wenn er möchte. Meistens ist es aber sehr

langweili___. Spannen___ ist es nur, wenn Umut witzi___ ist oder Besuch

kommt. Dann ist alles hal___ so schlimm.

Gestern war Tante Selin da. Sie hat Murat

einen Glücksklee mitgebracht,

der ist vierblättri___! Das

fand Murat lie___ von ihr.

Bald geht es ihm bestimmt

wieder gut!

 ② Welche Nomen sind hier abgebildet? Bilde zu den Nomen Adjektive.
Was fällt dir auf? Ergänze die Lücke.

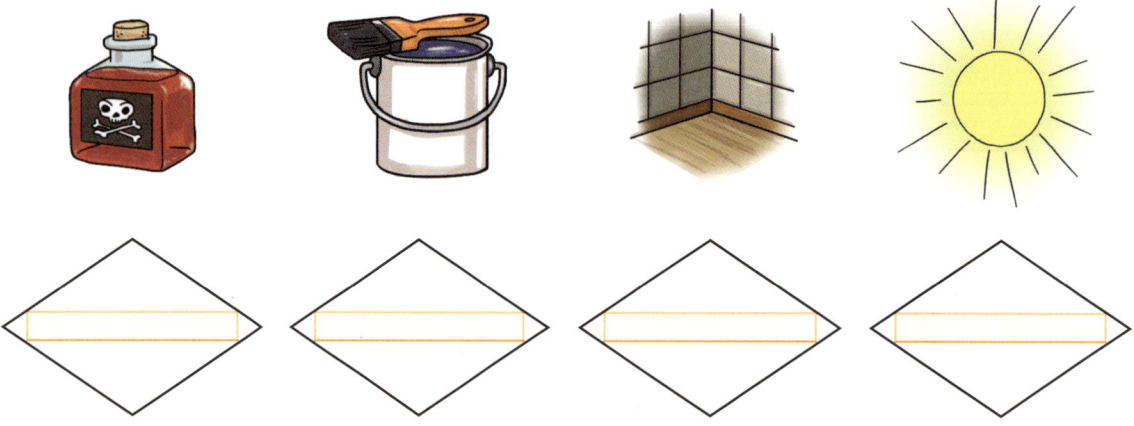

Alle Adjektive enden mit [　　　].

▶ zu BB S. 58
▶ zu AH A S. 60

1. Verlängerungsstrategie bei Adjektiven:
Auslaut schreiben

2. Adjektive bilden, dabei Adjektivendung
-ig erkennen

42

Name:　　　　　　　　　　　　Datum:

Satzarten und Satzzeichen

★ ① Welcher Satz gehört zu welchem Bild?
Rahme ihn mit der richtigen Farbe ein.

| Seid leise! | Hilf mir! | Spiel mit! | Halt! | Aua! |

★ ② Setze die richtigen Satzzeichen ein.

Ruhe ☐
Warum stört
dich die Musik ☐
Ich möchte gern
in Ruhe Zeitung lesen ☐

Schau dir
meine Hose an ☐
Wie ist das passiert ☐
Ich bin am Zaun
hängen geblieben ☐

Wie heißt du ☐
Ich bin Damian ☐
Herzlich willkommen
in der 3a ☐

Ich möchte bitte
meine Mütze zurück ☐
Gibst du mir
meine Mütze zurück ☐
Jetzt gib sie endlich her ☐

▶ zu BB S. 59
▶ zu AH A S. 61

1. Ausrufesätze den Bildern zuordnen　　2. auf Bildern unterschiedliche sprachliche
Situationen erkennen;
richtige Satzzeichen einfügen

43

Satzarten und Satzzeichen

★★ ① Bilde Aussagesätze zu den Fragesätzen.

 Bringst du mir etwas zu trinken, Umut?

 Ich bringe dir etwas zu trinken, Murat.

 Liest du mir eine Geschichte vor, Mama?

 Erzählst du mir noch einen Witz, Umut?

 Holst du schnell den Arzt?

★★ ② Male passende Verbotsschilder zu den Aussagen und
schreibe die Verbote als Ausruf auf.

Hier darf nicht mit dem Auto gefahren werden.

Autofahren verboten!

Hier darf nicht gezeltet werden.

Hier darf nicht vom Beckenrand gesprungen werden.

Einen Text untersuchen

 ★ ① Lies den Text.

① Es ist Samstagmorgen. Murat will sich anziehen. Zwar fühlt er sich noch nicht wieder gesund, aber ihm ist langweilig. Ihm ist so langweilig, dass er endlich einmal aufstehen und draußen spielen will. Murat zieht seine blaue Jeans an. Er braucht zwar etwas mehr Zeit als sonst, aber Zeit hat er ja genug. Das wäre geschafft! Er zieht den roten Pullover über den Kopf und schlüpft in seine neuen grünen Schuhe mit Klettverschluss. Mama sieht durch die Tür. „Was machst du?", fragt sie. „Stehst du auf? Du bist doch krank und musst dich erholen. Bleib besser liegen und ..." „Ich will aber aufstehen!", fällt ihr Murat ins Wort. „Mir ist so langweilig. Außerdem geht es mir schon viel besser."

② Murat will an Mama vorbei in den Flur. Doch plötzlich wird ihm ganz schwindelig. Er schwankt ein wenig und muss sich an der Wand abstützen. Als Mama das sieht, bekommt sie Angst. Sie stützt ihn und sagt besorgt: „Leg dich hin, Murat. Du bist wohl doch noch nicht ganz fit. Gedulde dich etwas. Bald bist du wieder gesund."

③ Als es Murat wieder etwas besser geht, gehen Mama und er in die Küche. Sie setzen sich an den Frühstückstisch. Papa kommt herein, brummt „Guten Morgen" und setzt sich dazu. Morgens ist er selten gut gelaunt. „Nun iss und trink erst einmal etwas, Murat", sagt Mama, gießt ihm Milch ein und schiebt ihm den Brotkorb hinüber. Umut betritt die Küche. „Mama, darf ich gleich auf den Spielplatz gehen?", fragt er. „Au ja!", ruft Murat sofort. „Ich will mit!" „Jetzt frühstücken wir erst einmal in Ruhe", beruhigt Mama. „Oder sollen wir lieber ein Buch lesen?", fragt Umut. Vielleicht wird dieser Samstag doch nicht langweilig, denkt Murat und lächelt.

 ★★ ② Ordne die Überschriften den drei Abschnitten zu.

○ Am Frühstückstisch

○ Murat zieht sich an

○ Murat wird schwindelig

Einen Text untersuchen

★
★ ① Beantworte die Fragen zur Geschichte auf Seite 45.
Unterstreiche die passenden Stellen im Text.

1. Wer setzt sich zu Murat an den Frühstückstisch?
Unterstreiche im Text blau. Kreuze an.

☐ Schwester   ☐ Oma   ☐ Opa
☐ Bruder   ☐ Vater   ☐ Mutter

2. Warum stützt sich Murat auf dem Weg in den Flur an der Wand
ab? Unterstreiche im Text gelb. Schreibe auf.

3. Was zieht Murat an?
Unterstreiche im Text grün.
Male Murat in seiner Kleidung.

4. Wie ist Murats Vater gelaunt?
Unterstreiche im Text rot.

5. Was ist für Murat wegen seiner Krankheit anders als sonst?
Unterstreiche im Text orange. Kreuze an.

☐ Umut ärgert Murat weniger.

☐ Mama sorgt sich besonders um Murat.

☐ Murat fühlt sich schwächer als sonst.

☐ Murat lag wegen seiner Krankheit lange im Bett.

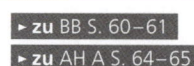
▸ zu BB S. 60–61
▸ zu AH A S. 64–65

1. auf unterschiedliche Frageformen zum
Lesetext antworten; für die Beantwortung
Markierungen von Textstellen vornehmen

46

Das Wortfeld *sagen*

★ ① Welche Wörter kannst du statt **sagen** benutzen? Male an.

plappern   flüstern   blicken   schimpfen   spielen

rufen   malen   schreien   bemerken   fragen

antworten   murmeln   jammern   gehen   meckern

★
★ ② Setze passende Verben aus Aufgabe 1 ein.

Momo _____: „Aua, mein Bein tut weh!"

Mia _____: „Fang den Ball!"

Frau Koch _____: „Wer kann mir helfen?"

Dilara _____: „Milan sieht heute aber süß aus."

Emira _____: „Immer wollen die Jungen Fußball spielen."

Timo _____: „Heute stehe ich im Tor!"

Lina _____: „Aber das ist doch keine Hose."

★
★ ③ Schreibe mit den übrig gebliebenen Wörtern aus Aufgabe 1
eigene Sätze in dein Heft.

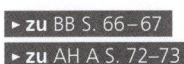 ▶ zu BB S. 66–67
▶ zu AH A S. 72–73   1. Wortfeld *sagen* kennen und   3. abwechslungsreiche Sätze mit   47
2. anwenden   dem Wortfeld *sagen* formulieren

Wörtliche Rede

★
★ ① Unterstreiche in den Sätzen den Begleitsatz grün und
die wörtliche Rede gelb. Setze die Doppelpunkte,
die Redezeichen und die Satzzeichen ein.

Die Eule macht einen Spaziergang durch den Wald. Viele Tiere, denen sie
begegnet, fragen sie wegen ihrer Klugheit um Rat.

Zuerst trifft sie den Löwen.

Der Löwe ruft ⎡:⎤ ⎡„⎤Guten Morgen, Frau Eule ⎡!⎤⎡"⎤

Die Eule fragt ☐ ☐Was kann ich für Sie tun, Herr Löwe ☐☐

Der Löwe antwortet ☐ ☐Ich möchte wissen, wer der Tapferste
im Land ist ☐☐

Die Eule erwidert ☐ ☐Jeder weiß, dass Sie der Tapferste
im Land sind ☐☐

Der Löwe sagt lächelnd ☐ ☐Vielen Dank. Dann wünsche ich
Ihnen noch einen schönen Tag ☐☐

Dann trifft sie den Fuchs.

Der Fuchs ruft laut ☐ ☐Frau Eule, warten Sie mal ☐☐

Die Eule fragt ☐ ☐Was kann ich für Sie tun, Herr Fuchs ☐☐

Der Fuchs antwortet ☐ ☐Ich möchte wissen, wer der Klügste
im Land ist ☐☐

Die Eule erwidert ☐ ☐Darüber muss ich erst einmal
nachdenken ☐☐

Der Fuchs brummt wütend ☐ ☐Was gibt es denn da
zu überlegen ☐☐

Die Eule sagt schnell ☐ ☐Selbstverständlich sind Sie
der Klügste ☐☐

▸ zu BB S. 66–67
▸ zu AH A S. 72–73
1. Begleitsätze und wörtliche Rede
erkennen; Zeichensetzung bei wörtlicher
Rede
48

Einen Text verbessern

★ (1)   An dieser Geschichte lässt sich noch einiges verbessern.
Lies die Geschichte.

Lina liegt in ihrem Bett und schläft tief und fest.
Sie träumt von einer Begegnung mit dem Löwen.
Er begrüßt sie und sagt: „Hallo kleine Maus,
bist du ganz allein im Wald?"
5   Im Traum hat Lina keine Angst
vor dem Löwen. Sie sagt zu ihm:
„Ja, Herr Löwe. Ich gehe
hier spazieren."
Der löwe sagt: „Sag mal, Lina,
10   wer ist eigentlich der Tapferste
im ganzen Land?"
Lina fühlt sich sehr mutig.
Sie hat eine Idee und greift in ihre Tasche.
Dann sagt sie „Das ist doch einfach, natürlich bin ich die Tapferste."
15   Der Löwe wird sehr wütend und will Lina schnappen.
Doch da holt Lina eine gruselige Monstermaske hervor, setzt sie auf und
brüllt fürchterlich. Der Löwe wird ganz bleich vor Schreck. Er dreht sich
auf dem Absatz um und läuft mit eingezogenem Schwanz davon.

★★
★ (2)   Wie könntest du die Geschichte verbessern? Kreuze an.

Ich finde eine Überschrift. ☐

Ich benutze andere Wörter für **sagen**. ☐

Ich schreibe alle Satzanfänge groß. ☐

Ich setze die richtigen Redezeichen. ☐

Ich berichtige die Rechtschreibfehler. ☐

★★
★ (3)   Überarbeite die Geschichte: Markiere dazu erst alle Stellen,
die du verbessern möchtest.

Schreibe die Geschichte dann verbessert in dein Heft.

▸ zu BB S. 130–131
▸ zu AH A S. 76–77   1./2. Kriterien zur Textverbesserung
erkennen und
3. anwenden   49

Einen Dialog schreiben

 **①** Was sagt Umut? Schreibe auf.

Milan ist verzweifelt. Am Tag vor der Theateraufführung findet er die Zipfelmütze seines Zwergenkostüms nicht. Er ruft Umut an.

Hallo, Umut, hier ist Milan.

Meine Zipfelmütze ist verschwunden. Hast du sie vielleicht mitgenommen?

Hast du eine Idee, wo ich sie noch suchen kann?

Dann rufe ich jetzt die anderen Kinder an, die auch Zwerge spielen.

Danke, das ist nett von dir. Tschüss, Umut.

 **②** Schreibe die ersten drei Sprechblasen von Umut und Milan in der wörtlichen Rede auf.

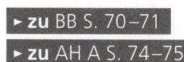

Verben mit *ng* oder *nk* verlängern ↪

★ ① **ng** oder **nk**? Schreibe die Verben richtig auf.
Bilde zuerst die Grundform der Verben.
Dann hörst du, was du einsetzen musst.

★ ② Male die Silbenbögen ein.

es hä**ng**t → hängen → es hängt

er da___t → [   ] → _____

es sti___t → [   ] → [   ]

sie de___t → [   ] → [   ]

er sche___t → [   ] → [   ]

es kli___t → [   ] → [   ]

er tri___t → [   ] → [   ]

er bri___t → [   ] → [   ]

sie wi___t → [   ] → [   ]

★ ③ Setze **ng** oder **nk** ein.
★

Leo tri___t ein Glas Apfelsaft. Da spri___t Lina herbei.

Sie kli___t ganz aufgeregt, als sie Leo

von ihrem Traum mit dem Löwen erzählt:

„Glaubst du, der Löwe de___t wirklich,

dass er der Tapferste ist?"

Leo lacht und ruft: „Ach was, der Löwe ist

überhaupt nicht tapfer. Er fä___t doch

bei jeder Kleinigkeit an zu zittern."

▸ **zu** BB S. 72
▸ **zu** AH A S. 78   1.–3. Verben mit *ng* oder *nk*: Bilden
der Grundform als Rechtschreibstrategie;
Silben markieren   51

Nomen mit *ng* oder *nk* verlängern ↪

★ ①   Kennst du diese Nomen mit **ng** oder **nk**? Löse das Rätsel.

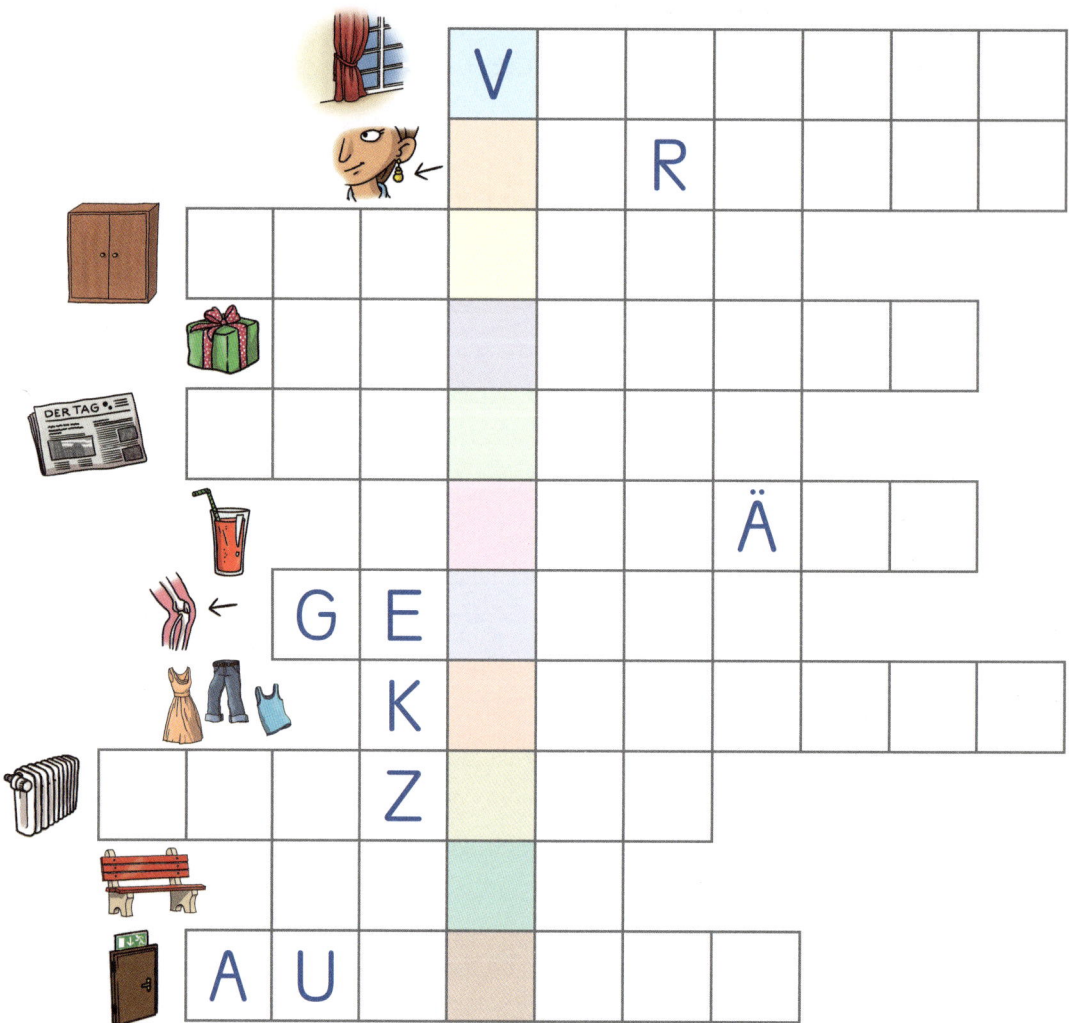

Momo freut sich schon auf die

            .

★ ★ ②   Setze **ng** oder **nk** ein.

Lina und Leo sitzen auf einer Parkba____. Leo hat

eine Überraschu____ für Lina. Sie bekommt ein Gesche____

in einer riesengroßen Verpacku____. Lina packt schnell aus

und findet einen wunderschönen Ri____ mit einem Schmetterli____.

Genau lesen

★ ① Welche Sätze gehören zum Buch „Ich bin der Schönste im ganzen Land"? Unterstreiche sie rot.
Welche Sätze gehören zu der Geschichte „Lampenfieber"? Unterstreiche sie grün.

Ich bin der Schönste im ganzen Land

Lampenfieber

Nach dem Frühstück macht der Wolf einen Spaziergang.

Die Kinder hinter der Bühne sind sehr aufgeregt.

Viele Zuschauer sitzen vor der Bühne.

Er möchte wissen, wer der Schönste ist.

Wolf Momo kann seine Wolfsohren nicht finden.

Der Wolf trifft die Schweinchen, die Zwerge und Schneewittchen.

Dilara hat ihre Rotkäppchenkappe falsch herum aufgesetzt.

Matteo hat seinen Text vergessen.

Sie alle haben Angst vor ihm und sagen: „Du bist der Schönste."

Doch dann trifft er den kleinen Drachen.

Der kleine Drache spuckt Feuer und ruft: „Mein Papa ist der Schönste."

Frau Koch beruhigt die Kinder.

Endlich öffnet sich der Vorhang und die Vorstellung beginnt.

Danach verscheucht er den Wolf.

Genau lesen

① Male die Zwerge zu Ende.
Lies dazu jeden Satz. Prüfe, ob er dir
dabei hilft, bei einem Zwerg weiterzumalen.
Hilft er dir nicht, lies den nächsten Satz.
Hake jeden Satz ab, der dir geholfen hat.

Einige Sätze musst du mehrmals lesen.

☐ 1. Der Zwerg mit der Laterne trägt eine rote Jacke.

☐ 2. Die Zipfelmützen sind rot, blau und grün.

☑ 3. Der Zwerg mit der blauen Zipfelmütze steht in der Mitte.

☐ 4. Rechts steht ein Zwerg mit einer blauen Weste.

☐ 5. Der Zwerg mit der Laterne und der Zwerg mit dem Hammer stehen außen.

☐ 6. Der Zwerg mit der grünen Hose steht links neben dem Zwerg mit der blauen Zipfelmütze.

☐ 7. Ein Zwerg hält einen Eimer.

☐ 8. Der Zwerg mit der blauen Zipfelmütze trägt eine grüne Jacke.

☐ 9. Der Zwerg mit der grünen Hose trägt eine rote Zipfelmütze.

☐ 10. Der Zwerg mit der blauen Hose hat keine Laterne.

☐ 11. Der Zwerg mit der roten Hose steht in der Mitte.

② Schreibe selbst zwei Sätze zur Farbe der Stiefel.
Kann dein Partner die Stiefel richtig anmalen?

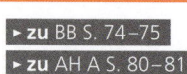

Vergangenheit mit *haben*

★ ① Schreibe die passenden Verben in die Lücken.
Markiere, was sich an den Verben verändert.

schlafen   backen   sitzen   besuchen   feiern

Heute – Gegenwart	Gestern – Vergangenheit
Sie _____ am Computer.	Sie _____ am Computer _____.
Er _____ Geburtstag.	Er _____ Geburtstag _____.
Er _____ Kuchen.	Er _____ Kuchen _____.
Sie _____ Momo.	Sie _____ Momo _____.
Er _____ auf dem Sofa.	Er _____ auf dem Sofa _____.

★ ② Wähle zwei Verben. Ergänze die Tabellen.

lernen   singen   trinken   ziehen   danken

	Gestern – Vergangenheit Mein 1. Verb	Gestern – Vergangenheit Mein 2. Verb
ich		
du		
er/sie/es		
wir		
ihr		
sie		

Vergangenheit mit *haben*

★
★ ① Lies den Text. Was berichtet Emira ihrer Freundin am nächsten Tag?
Schreibe in der Vergangenheit auf.

heute

Emira und ihre Familie sitzen am Küchentisch.
Heute feiern sie Emiras Geburtstag.
Sie essen leckeren Kuchen.
Mama und Papa geben Emira
ein großes Geschenk.
Emira packt eine Staffelei aus.
Sie freut sich sehr!

gestern

Gestern haben meine Familie und ich
am Küchentisch gesessen.

★
★
★ ② Suche die Grundform der Verben in der Wörterliste.
Schreibe die Grundformen auf.

	Grundform		Grundform
gebracht		gepfiffen	
getrunken		gestanden	
gehangen		geschrieben	

▶ zu BB S. 80–81
▶ zu AH B S. 8–9

1. einen Text in das Perfekt
umformulieren

2. Arbeit mit der Wörterliste: Infinitiv
anhand des Partizips finden

56

Vergangenheit mit *sein*

★ ① Schreibe die passenden Verben in die Lücken.
Markiere, was sich an den Verben verändert.

| fliegen | fahren | verreisen | springen | laufen |

Heute – Gegenwart	Gestern – Vergangenheit
Er [____] durch die Luft.	Er [__] durch die Luft [_____].
Sie [____] Fahrrad.	Sie [__] Fahrrad [_____].
Er [____] nach Berlin.	Er [__] nach Berlin [_____].
Er [____] ins Wasser.	Er [__] ins Wasser [_____].
Sie [____] nach Hause.	Sie [__] nach Hause [_____].

★★ ② Wähle zwei Verben. Ergänze die Tabellen.

| schwimmen | gehen | schlüpfen | kriechen | rennen |

	Gestern – Vergangenheit Mein 1. Verb	Gestern – Vergangenheit Mein 2. Verb
ich		
du		
er/sie/es		
wir		
ihr		
sie		

Vergangenheit mit *sein*

★★ ① Lies den Text. Was berichtet Umut seinem Freund am nächsten Tag?
Schreibe in der Vergangenheit auf.

heute

Umut fährt zum Schachkurs.
Seine U-Bahn kommt.
Umut steigt schnell ein.
Nach einer Station steigt er aus und rennt los.
Er klettert die Stufen hoch zur Halle.
Umut kommt gerade noch rechtzeitig!

gestern

Gestern bin ich zum Schachkurs gefahren.

★★★ ② Sortiere die Verben richtig ein. Ergänze dann die Lücke im Satz.

| hören | tauchen | krabbeln | lesen |

_____ , _____ werden mit einer Form von **sein** gebildet.
(ich bin, du bist, …)

_____ , _____ werden mit einer Form von **haben** gebildet.
(ich habe, du hast, …)

Die Vergangenheit von Verben wird immer mit einer Form von **sein**

gebildet, wenn sich _____ verändert. | ein Ohr | | ein Ort |

► zu BB S. 80–81
► zu AH B S. 10–11

1. einen Text in das Perfekt umformen

2. Verben der richtigen Perfektbildung
zuordnen; Regelmäßigkeit bei
Perfektbildung mit *sein* erkennen

58

Ein Werbeplakat gestalten

★
① ★ Ergänze passende Fragen und Antworten.

Du brauchst

Wie

Was brauchst du für das Hobby?

Wie viel

Was

Tischtennis

Du schlägst den Ball möglichst so auf die andere Seite der Tischtennisplatte, dass das andere Kind den Ball nicht mehr erreicht.

Du kannst auf einigen Spielplätzen und Schulhöfen spielen. Wenn du dich in einem Verein anmeldest, kannst du diesen Sport in einer Turnhalle ausüben.

Wo

In einem Verein kostet Tischtennis unterschiedlich viel Beitrag. Schläger und Bälle kannst du oft recht günstig kaufen.

Womit kannst du andere überzeugen?

Ein Werbeplakat gestalten

① Finde zu den Fragen die passenden Antworten im Text und unterstreiche sie in der Farbe der Kästchen.

Wie heißt das Hobby?	Wie viel kostet das Hobby?	Was machst du dabei genau?

Was brauchst du für das Hobby?	Wo kannst du das Hobby ausüben?	Womit kannst du andere überzeugen?

Theater spielen

Viele Kinder spielen gern Theater. Wenn du das auch machen möchtest, kannst du dich einer Theatergruppe anschließen oder dich mit anderen Kindern treffen. Vielleicht fragst du einmal, ob Kinder in deiner Klasse mitmachen möchten? Es macht nämlich viel Spaß, in eine Rolle

5 hineinzuschlüpfen. Du brauchst eine gute Idee für ein Theaterstück, Kostüme, eine Kulisse und später ein Publikum, das eure Vorstellung besucht. Wenn ihr die Kostüme und die Kulisse selbst bastelt oder ausleiht, kostet Theater spielen auch nicht viel. Ihr könnt sofort loslegen! Bevor ihr Gästen euer Theaterstück vorführt, müsst ihr viel proben. Am

10 Ende lohnt sich eure Arbeit aber: Bei einer Aufführung bekommt ihr sicher viel Beifall. Und manchmal bezahlt das Publikum auch Eintritt.

② Gestalte ein Werbeplakat zum Hobby Theater spielen. Verwende Bilder.

Überlege dir einen Werbespruch. Schreibe übersichtlich und nicht zu viel.

▸ **zu** BB S. 84–85
▸ **zu** AH B S. 12–13

1. W-Fragen zuordnen;
ein Informationsplakat vorbereiten

2. ein eigenes Werbeplakat nach Muster
gestalten

60

Wortfamilie und Wortstamm

★ ① Unterstreiche immer den Wortstamm.

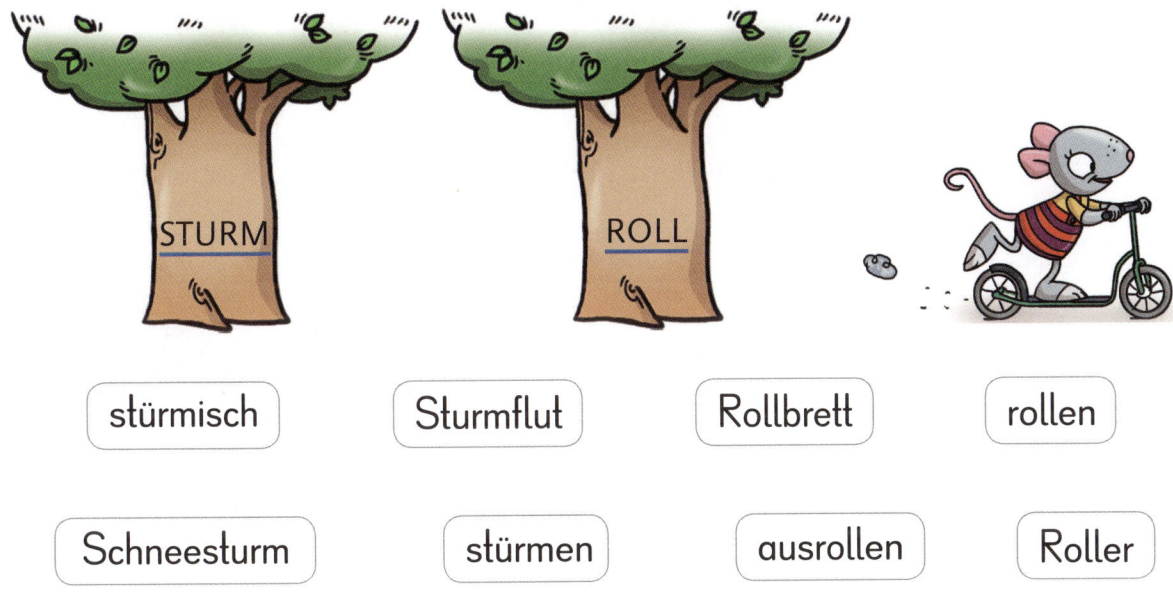

stürmisch	Sturmflut	Rollbrett	rollen
Schneesturm	stürmen	ausrollen	Roller

★
★ ② Finde Wörter passend zum Wortstamm.

► zu BB S. 86–87
► zu AH B S. 14–15

1. Wortstamm erkennen und
unterstreichen

2. Wörter mit den Wortstämmen *BAU,
KAUF, ZAHL* bilden und aufschreiben

61

Wortfamilie und Wortstamm

★
★ ① **e** oder **ä**, **eu** oder **äu**? Setze richtig ein.
Wenn du nicht sicher bist, suche ein verwandtes Wort.

Mia und ihre Mama besuchen den Zoo.

Die ____le in der alten Ruine hat gerade zwei M____se verspeist.

Zwischen den Schafen l____ft ein kleines Sch____fchen.

Die Erdm____nnchen sehen n____gierig aus.

Ein kleines ____ffchen h____ngt an einem Seil.

Die l____ngste, gef____hrlichste Schlange im Zoo h____tet sich h____te.

Auf dem Schild steht, dass sie das dreimal j____hrlich macht.

Das Chamäleon ____ndert gerade seine F____rbung. Es wird h____ller.

An einem Gel____nder dr____ngeln sich viele Zoog____ste.

Sie wollen die Raubtierfütterung sehen.

Ein Bison w____lzt sich im Sand und reinigt so sein F____ll.

Mia und ihre Mama hatten einen schönen Tag im Zoo!

★
★ ② Immer zwei Wörter gehören zu einer Wortfamilie. Verbinde.
★

Deckel   hinsetzen   Glockengeläut

Angeber   Grube   Tastatur   decken

laut   gibt   Kindersitz   graben   tasten

Wörtliche Rede zuordnen

★ ① Lies den Text. Wer sagt was? Unterstreiche in der passenden Farbe.

Nicht weit von Jonas' Elternhaus ist vor zwei Wochen ein neuer Nachbar eingezogen. Jonas will den Erfinder Professor Justus Turbozahn kennenlernen und klingelt bei ihm.

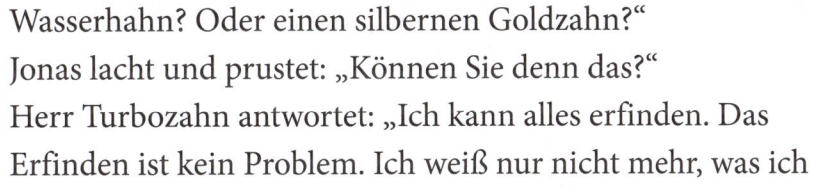

Professor Justus Turbozahn

Jonas

Roboter

„Ach, Besuch", sagt er freundlich. „Soll ich etwas für dich erfinden? Vielleicht einen
5 krähenden
Wasserhahn? Oder einen silbernen Goldzahn?"
Jonas lacht und prustet: „Können Sie denn das?"
Herr Turbozahn antwortet: „Ich kann alles erfinden. Das Erfinden ist kein Problem. Ich weiß nur nicht mehr, was ich
10 erfinden soll. Es ist doch schon alles erfunden worden, das ist das Problem."
Justus Turbozahn führt Jonas in sein Erfinderzimmer.
Der Roboter surrt hinterher.
„Womit kann ich helfen? Und wie heißt du eigentlich?"
15 „Jonas."
Der Roboter singt: „JO WIE JO UND NAS WIE NASS SO EIN NAME MACHT MIR SPASS."
Jonas zeigt auf den Roboter und fragt: „Ist der immer so lustig?"
Der Professor nickt und antwortet: „Hab ihn erfunden, damit mir nicht langweilig
20 wird."
Jonas sagt erstaunt: „Einem Erfinder wird doch nie langweilig!"
Der Professor zuckt mit den Achseln und sagt:
„Aber wenn ich doch nicht weiß, was ich erfinden soll?
Sieh mal, meine letzte Erfindung ist schon sechs Wochen alt. Außerdem taugt sie
25 nichts."
„Was haben Sie denn erfunden?", will Jonas wissen.
„Einen Fernseher, der das Fernsehprogramm von morgen zeigt. Natürlich mit Spezialantenne. Aber wie gesagt, das Ding taugt nichts."

Knister

Wörtliche Rede zuordnen

 ① Das weitere Gespräch ist etwas durcheinandergeraten.
Erkennst du trotzdem, wer was sagt?
Verbinde mit den Kreisen in den passenden Farben.

PROFESSOR JUSTUS TURBOZAHN ERFINDUNGEN ALLER ART

● Professor Justus Turbozahn ● Jonas

● „Da bin ich neugierig."

● „Wenn man immer das Programm von morgen guckt, hat man keine Zeit, das Programm von heute zu gucken. Zu blöd."

● „Verstehe. Sehr gut! Müsste weich sein. Unzerbrechlich. Vielleicht mit eingebauter Leselampe. Verstehe. Natürlich wasserdicht, für Unterwasserschläfer. Verstehe. Sehr gut! Wird gemacht!"

● „Ich wüsste eine Erfindung, die ich gebrauchen könnte."

● „Eine Morgenbrille, mit der mir morgens nicht die Augen schmerzen."

Justus Turbozahn reibt mit seinem rechten Finger über seine Stirn.
Gleichzeitig zieht er seine Nase kraus und wackelt mit seinen Ohren.
Das sieht zu komisch aus. Aber es ist sein Erfindergesicht.
Das macht er immer, wenn er etwas erfindet oder scharf nachdenkt.

● „Ich hab es!", sagt er.
„Deine Morgenbrille kostet dich zwei neue Ideen."

● „Und was kostet eine solche Brille?", will Jonas wissen.

 ② Male die Morgenbrille.

Fachwörter kennen

 ① Verbinde, was zusammengehört.

kannst du Bilder oder Texte in deinen Computer kopieren.

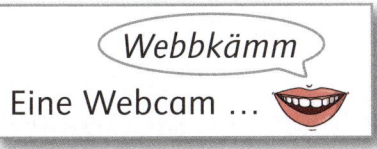
Webbkämm
Eine Webcam …

ist ein Computerprogramm, mit dem du ein Bild malen kannst.

Skänner
Mit einem Scanner …

ist eine Kamera am Computer, die Videobilder ins Internet übertragen kann.

Päint
Paint …

wird auch Bildschirm genannt.

Ein Drucker …

brauchst du, wenn du einen Text schreiben willst.

Die Tastatur …

Der Monitor …

ist ein Gerät zum Ausdrucken auf Papier.

Mit der Maus …

wenn du etwas auf deinem Computer speicherst.

Auf einem USB-Stick …

Eine Datei entsteht, …

kannst du Symbole auf dem Bildschirm anklicken.

Ich mag Mäuse.

kannst du Musik, Texte oder Bilder speichern.

Satzglieder umstellen

★ ① Stelle die Sätze um:
Bilde jeweils einen Aussagesatz
und einen Fragesatz. Schreibe die Sätze auf.
Kreise immer das Verb rot ein.

[Jede Datei] (hat) [immer] [einen Namen und ein Symbol] .

Immer (hat) jede Datei einen Namen und ein
Symbol. (Hat) jede Datei immer einen Namen
und ein Symbol?

[Paint] [ist] [ein Malprogramm] [auf deinem Computer] .

[Man] [schreibt] [Texte] [im Word-Programm] .

[Du] [findest] [Informationen] [mit einer Suchmaschine] .

Satzglieder umstellen

① Stelle die Sätze um: Bilde jeweils einen Aussagesatz und einen Fragesatz. Schreibe die Sätze auf. Kreise immer das Verb rot ein.

| Hui Buh | war | früher | ein Ritter | auf Schloss Burgeck |.

_____

_____

_____

| Heute | spukt | er | jede Nacht | als Gespenst | durch das Schloss |.

_____

_____

_____

② Die Wörter, die immer zusammenbleiben, sind Satzglieder.
Stelle die Sätze um: Bilde jeweils einen Aussagesatz und einen Fragesatz. Schreibe die Sätze auf.
Trenne die Satzglieder dann durch Striche voneinander ab.

Hui Buh hat oft Pech beim Spuken.

_____

_____

Viele Kinder kennen die Hui-Buh-Hörspiele.

_____

_____

► zu BB S. 96–97
► zu AH B S. 22–24

1. Satzglieder umstellen;
Aussagesätze zu Fragesätzen umstellen;
Markierung des Prädikats

2. Satzglieder durch Umstellprobe
erkennen und markieren

67

Satzglieder umstellen: Sätze verbessern

★
★ ① Lies die Geschichte. Sie klingt noch nicht schön.
★   Verbessere sie, indem du die Sätze umstellst. Schreibe auf.

Ritter Georg lebte vor langer Zeit auf Schloss Donnerstein.
Er hörte in einer dunklen Nacht ein lautes Geräusch.
Er ging leise in den Rittersaal. Er entdeckte vor dem Kamin ein Gespenst.

_____

_____

_____

_____

_____

★
★ ② Ergänze die beiden Sätze auf den Zetteln
★   um weitere Satzglieder.
★   Schreibe auf.

> Du kannst dir auch selbst ein Satzglied ausdenken.

Das Gespenst sprang		Ritter Georg ging

aus dem Fenster   in sein warmes Bett   _____

die Treppe hoch   beruhigt   plötzlich   mit einem doppelten Salto   schnell

_____

_____

_____

_____

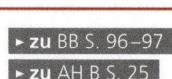

▶ zu BB S. 96–97
▶ zu AH B S. 25

1. einen Text durch Umstellen
der Satzglieder stilistisch verbessern

2. Satzanfänge um verschiedene
Satzglieder ergänzen; unterschiedliche
Sätze bilden

68

Name: Datum:

Eine Geschichte schreiben

★ ① Wovor läuft der tapfere Ritter fort? Male das Bild fertig.

★ ② Plane deine Geschichte. Schreibe nur Stichworte auf.

Wie heißt der Ritter? Wer kommt noch vor?

Wo spielt die Geschichte?

Was ist vorher passiert?

Warum rennt der Ritter fort?

▸ zu BB S. 100–101
▸ zu AH B S. 26–27

1. eine Fantasiegeschichte planen;
Ideenfindung durch Zeichnen

2. Geschichte planen mithilfe von
Leitfragen

69

Eine Geschichte schreiben

★
★ ① Was soll in deiner Geschichte passieren?
Male Bilder dazu und schreibe Stichworte auf.

Es war einmal …
An einem schönen Tag …

Dann …
Danach …
Plötzlich …
Auf einmal …

Schließlich …
Später …
Da …
Zum Schluss …

★
★ ② Schreibe deine Geschichte mit dem Computer oder in dein Heft.

▸ zu BB S. 100–101
▸ zu AH B S. 26–27

1. Vorbereitung der Fantasiegeschichte
in Stichworten und Bildern

2. Schreiben der geplanten und
vorbereiteten Geschichte

70

Wortfamilien: Wörter mit *ä* und *äu* ableiten ⚡

★ ① Male die verwandten Wörter in derselben Farbe an.
Schreibe die Wörter in die Tabelle.

★ ② Unterstreiche den Wortstamm.
Markiere, wo sich der Wortstamm verändert.

| das Rätsel | farbig | schärfen | die Farbe | aufräumen | ratlos |

| scharf | der Raum | raten | die Schärfe | färben | räumlich |

Nomen	Verben	Adjektive
das Rätsel	raten	

★ ③ Ergänze verwandte Wörter.

Nomen	Verben	Adjektive
		kalt
	stärken	
die Kraft		

★★ ④ **ä** oder **e**? **äu** oder **eu**? Setze ein.

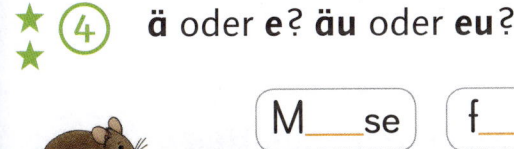

M__se   f__cht   w__hlen   F__ll   d__tlich

schl__frig   B__me   Z__gnis   h__slich

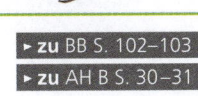

▸ zu BB S. 102–103
▸ zu AH B S. 30–31

1./2. verwandte Wörter erkennen;
Wortstamm und Stammvokalumlautung
markieren

3. verwandte Wörter selbst finden
4. Wörter mit ä oder e bzw. äu oder eu:
Ableiten als Rechtschreibstrategie

71

Wortfamilien: Wörter mit *ä* und *äu* ableiten ⚡

Diese Wörter sind Ausnahmewörter! Obwohl du die Wörter mit **ä** nicht von einem Wort mit **a** ableiten kannst, musst du sie mit **ä** schreiben.

| Käse | krähen | spät | Käfer | Bär | Säge |
| Träne | Lärm | Märchen | während | mähen | Mädchen |

★ ① Welche Wörter sind gesucht? Schreibe sie unter die Bilder.

★★ ② Setze passende Wörter aus dem Kasten ein.

Lisa mag ihr Butterbrot am liebsten mit _____ .

Mia hat verschlafen. Sie kommt zu _____ .

Opa _____ den Rasen.

Frau Koch liest ein _____ vor.

Der Hahn _____ früh am Morgen.

In den kalten Monaten hält der _____ Winterschlaf.

★★ ③ Schreibe weitere Sätze mit den Ausnahmewörtern in dein Heft.

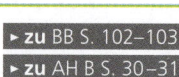

Einen Text lesen

★ ① Lies den Text.

Was Computerviren anrichten

Du hattest sicher schon einmal einen Virus im Körper.
Meist fühlst du dich dann sehr schlecht, z. B. bei einer Grippe.
Ein Virus befällt den menschlichen Körper und macht ihn krank.
Auch ein Computer kann „krank" werden.

5 Computerviren sind schädliche Programme, die den Computer in seiner Funktion stören. Je nach Gefährlichkeit können sie den Computer nur wenig beeinträchtigen oder ihn sogar völlig funktionsunfähig und alle Daten auf der Festplatte unlesbar machen.

Ein Computer wird über infizierte* Datenträger (Diskette, CD-ROM, DVD)

10 „angesteckt" oder die Viren kommen über das Internet auf den Rechner. Sehr viele Viren reisen getarnt als „blinde Passagiere"** im Anhang einer E-Mail mit und können sich auch selbsttätig weiterverbreiten.

Daher solltest du auch nie den Anhang einer Mail anklicken, deren Absender du nicht kennst und dem du nicht vertrauen kannst!

Norbert Golluch

* Ein infizierter Datenträger hat bereits einen Virus.

** Ein blinder Passagier reist heimlich und ohne Erlaubnis z. B. in einem Zug mit.

★★ ② Beantworte die Fragen.

Was sind Computerviren?

_____

Was machen Viren mit dem Computer?

_____

Wie wird ein Computer mit Viren „angesteckt"?

_____

_____

Einen Text lesen

★ ①   Lies den Text.

Schutz für den Computer: Vorsicht, Viren!
„Ach du lieber Himmel!" Herr Lohmann
hebt erschrocken die Zeitung zur Seite.
Eine Nachricht auf Seite 3 hat ihn sichtlich
irritiert.

5   „Es gibt schon wieder einen neuen
Computervirus!", ruft er aufgeregt.
„Und unser Computer hat keinen Virenschutz!"
Auch Till macht sich jetzt Sorgen. „Wie leicht könnte er im Internet einen Virus
bekommen und dann funktioniert gar nichts mehr!"

10   „Das müssen wir sofort ändern!", sagt Saskia.
„Zum Glück stehen hier unter dem Artikel gleich einige Internetseiten mit
kostenloser Virenschutz-Software", sagt Herr Lohmann.
Es geht ganz einfach – in wenigen Minuten ist das Virenschutzprogramm
heruntergeladen und installiert.

Norbert Golluch

★ ②
★   Welche Antwort ist richtig? Kreuze an.

1. Woher weiß Herr Lohmann von dem neuen Computervirus?

☐ aus der Zeitung   ☐ aus dem Internet   ☐ aus dem Fernsehen

2. Wie kann die Familie Lohmann ihren Computer schützen?

☐ Der Computer bleibt ab sofort ausgeschaltet.

☐ Familie Lohmann lädt ein kostenloses Virenschutzprogramm herunter.

☐ Familie Lohmann liest die Zeitung.

3. Woher bekommt Herr Lohmann das Virenschutzprogramm?

☐ aus dem Computer-Fachhandel

☐ aus dem Internet

☐ aus dem Supermarkt

▸ zu BB S. 104–105
▸ zu AH B S. 32–33

1./2. detailgenaues, informations-
entnehmendes Lesen eines Textes

Satzglieder: Subjekt und Prädikat

 **1** Wer oder was?
Schreibe die Frage nach dem Subjekt auf.
Unterstreiche die Antwort im Satz blau.

Ein Marienkäfer sitzt auf Timos Finger.

Frage: Wer oder was sitzt auf Timos Finger?

Die Krähe landet auf einem Ast.

Frage: Wer oder was

Ein Schmetterling fliegt durch die Luft.

Frage:

Neben dem Schwan schwimmt eine Ente.

Frage:

 2 Unterstreiche in jedem Satz das Subjekt blau.

Leo sucht Lina im Park.

Die Maus hat sich hinter einem Baum versteckt.

Auf ihrer Picknickdecke sitzt eine Schnecke.

Lina mag Schnecken überhaupt nicht.

Die Picknickdecke ist voller Essen.

Die Schnecke knabbert an einem Stück Gurke.

Leo nimmt die Schnecke und setzt sie in einen Busch.

Erleichtert kommt seine Freundin hinter dem Baum hervor.

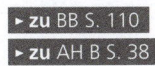

Satzglieder: Subjekt und Prädikat

★ ① Was tut das Subjekt?
Schreibe die Frage nach dem Prädikat auf.
Kreise die Antwort im Satz ein.

Die Maus (flitzt) über die Wiese.

Frage: **Was tut die Maus?**

Der Luftballon fliegt in den Baum.

Frage:

Der Maulwurf buddelt einen Gang.

Frage:

★
★ ② Kreise in den Sätzen
beide Prädikatsteile ein.

Timo (schaut) den Marienkäfer (an).

Die Ente taucht aus dem Wasser auf.

Der Schmetterling fliegt wieder fort.

Die Sonne geht langsam unter.

> *Manchmal besteht das Prädikat auch aus zwei Teilen. In einem Aussagesatz stehen die beiden Teile an zweiter und an letzter Stelle im Satz.*

★
★
★ ③ Unterstreiche in den Sätzen auf dieser Seite das Subjekt.
Kreuze an, bei welchen Subjekten die Frage **Wer?** passt und
bei welchen Subjekten die Frage **Was?** passt.

Wer? passt bei ☐ Personen	☐ Tieren	☐ Gegenständen
Was? passt bei ☐ Personen	☐ Tieren	☐ Gegenständen

Das Wortfeld *sich bewegen*

★ ① Welche Wörter kannst du statt **bewegen** benutzen? Male an.

rätseln   springen   basteln   denken   flechten

zeichnen   laufen   überlegen   kneten   schleichen

hüpfen   knobeln   malen   rennen   grübeln

★★ ② Schreibe zu den Bildern passende Sätze.

★★★ ③ Lies noch einmal die Verben in Aufgabe 1. Trage die Verben in die Tabelle ein. Überlege dir dann die passende Überschrift für die letzte Spalte der Tabelle.

sich Gedanken machen	gestalten	
rätseln		

Nomen mit *-chen* und *-lein*

★ ① Schreibe die Nomen in der Verkleinerungsform
mit dem bestimmten Artikel auf.

● Baum   ● Haus   ● Frau   ● Buch

der Baum – das Bäumchen

★
★ ② Wann wird die Verkleinerungsform benutzt?
Verbinde erst jeden Kasten in der Mitte mit einem Beispiel.
Kreuze dann an.

Die Zwerge fragten: „Wer hat von meinem Tellerchen gegessen? Wer hat aus meinem Becherchen getrunken?"	☐ in Märchen	Viele Tiere halten Winterschlaf. Sie fressen sich im Herbst eine dicke Speckschicht an.
	☐ als Kosename	
	☐ in Sachtexten	
Spätzchen oder Mäuslein sagen manche Menschen zu anderen, die sie sehr lieb haben.	☐ bei kleinen Kindern	Die Oma beugt sich über das Baby und ruft: „Schaut nur, die kleinen Händchen!"

★
★ ③ Finde das Herkunftswort zum Wort **Mädchen**. Kreuze an.
★

☐ Magd (altes Wort für junge Frau) – Mägdchen – Mädchen

☐ Mär (seltsame Geschichte oder Erzählung) – Märchen – Mädchen

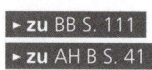
▶ zu BB S. 111
▶ zu AH B S. 41

1. Diminutiv zu Ausgangswort bilden
2. Verwendungszusammenhänge des Diminutivs erkennen
3. Herleitung des Diminutivs *Mädchen*

78

Einen Tiersteckbrief gestalten

★ ① ★ Lies den Text. Unterstreiche die wichtigen Informationen
in den folgenden Farben: Lebensraum – <u>gelb</u>, Aussehen – <u>blau</u>,
Eigenschaften – <u>rot</u>, Nahrung – <u>grün</u>, Fortpflanzung – <u>lila</u>

Der Fuchs

Füchse sind Raubtiere und mit dem Hund und dem Wolf verwandt.
Sie <u>sehen Hunden recht ähnlich</u>, haben aber kürzere Beine und
einen viel längeren Körper.
Füchse werden 60 bis 90 Zentimeter lang,

5   etwa 40 Zentimeter hoch und
wiegen rund sieben Kilogramm.
Füchse haben einen dicken, buschigen
langen Schwanz. Das dichte Fell
ist rotbraun. Wangen, Bauch und

10 die Innenseiten der Beine sind weiß.
Die Schwanzspitze ist weiß oder dunkel gefärbt.
Füchse haben spitze, hoch aufgerichtete Ohren,
eine lange spitze Schnauze und eine schwarze Nase.
Füchse sind im Vergleich zu Hunden viel leichter und schmaler. Deshalb

15 sind sie sehr <u>sportlich</u>: Sie können bis zu fünf Meter weit und zwei Meter
hoch springen und bis zu 50 Kilometer pro Stunde schnell laufen.
Außerdem können sie sich auch noch in den engsten Höhlen und
im kleinsten Erdloch verstecken.
Der Fuchs ist weitverbreitet: Er lebt in <u>Europa</u>, in Nordafrika, in Asien,

20 in Nordamerika und in Australien. Füchse sind sehr anpassungsfähig:
Ob in Wäldern, Halbwüsten, an Küsten oder im Gebirge, Füchse finden
überall einen Lebensraum. Genauso fühlen sie sich mittlerweile auch in
Parks zu Hause. Füchse haben einen vielseitigen Speiseplan: Sie jagen
<u>Mäuse</u>, Kaninchen oder Jungtiere von Enten und Hühnern, fressen aber

25 auch Regenwürmer, Obst, Aas oder Müllreste.
Manche Füchse werden bis zu zwölf Jahre alt. Der weibliche Fuchs,
die Fähe, kann <u>einmal im Jahr bis zu fünf Junge</u> bekommen. Die Jungen
heißen Welpen, wie beim Hund. Sie werden mit geschlossenen Augen und
einem wolligen, graubraunen Fell im Bau geboren. Nach 12 bis 14 Tagen

30 öffnen sie die Augen. Vier bis sechs Wochen trinken sie Milch bei ihrer
Mutter, danach bekommen sie von ihr Beutetiere gebracht.

▸ **zu** BB S. 112–113
▸ **zu** AH B S. 42–43

1. in einem Sachtext Informationen
zu Oberbegriffen markieren

Einen Tiersteckbrief gestalten

★
★ ① Schreibe einen Steckbrief zum Fuchs in Stichworten auf.
      Male oder klebe ein Bild dazu.

Der Fuchs

Wörter mit Silben-h

★ ① Lies die Sätze. Unterstreiche die Verben mit Silben-h und
schreibe sie mit der passenden Grundform auf.

Frau Koch <u>steht</u> mit der 3a vor dem Bus.
Die Klasse macht heute einen Ausflug in
den Park. Die Lehrerin sieht noch einmal
nach den Kindern. Doch wo ist Momo?
„Momo ruht sich zu Hause im Bett aus",
erklärt Umut. „Er glüht vor Fieber."
Kurz darauf sitzen alle Kinder im Bus.
Der Fahrer dreht sich zu ihnen um und
sagt: „Jetzt geht es los!"

steht kommt von _____ _____ kommt von _____

_____ kommt von _____ _____ kommt von _____

_____ kommt von _____ _____ kommt von _____

★ ② Unterstreiche alle Wörter mit **h** am Wortende.
★   Schreibe sie auf und verlängere sie.

Milan ist bei seinem Opa auf dem Bauernhof. <u>Früh</u> am Morgen will er
der Kuh Heu bringen. Dummerweise kann er seinen rechten Schuh nicht
finden, deswegen geht er barfuß. Prompt stößt er sich den großen Zeh an
der Tür. Zum Glück ist der Kühlschrank ganz nah, sodass er sich etwas Eis
zum Kühlen holen kann.

früh – früher, _____

_____

_____

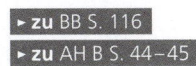

1. Personalformen von Verben mit
silbentrennendem *h* auf den Infinitiv
zurückführen

2. einsilbige Wörter mit
silbentrennendem *h* verlängern

Wörter nach dem Alphabet sortieren

**★ ① Schreibe die Tiernamen nach dem Alphabet geordnet auf.
Markiere immer den 4. Buchstaben.**

Schnecke   Schwarzstorch   Seepferdchen   Seeadler

Schmetterling   Seelöwe

Schildkröte   Schlange   Seekuh   Seehund

Schildkröte

★★ ② Schreibe die Verben nach dem Alphabet geordnet auf.

hüpfen   klettern   fliegen   krabbeln   springen   kriechen

laufen   hopsen   hoppeln   flattern   flitzen   schwimmen

**★★★ ③ Welche zwei Nomen musst du in der Wörterliste nachschlagen,
um das zusammengesetzte Nomen richtig zu schreiben?
Schreibe jeweils beide Nomen auf.**

 die   das

▸ zu BB S. 117
▸ zu AH B S. 46–47

1. Nomen nach dem 4. Buchstaben
alphabetisch ordnen
2. Verben mit unterschiedlichen
Anfangsbuchstaben alphabetisch ordnen

3. zusammengesetzte Nomen erkennen
und deren Bestandteile nachschlagen

82

Einen Sachtext lesen

1 Lies den Sachtext über den Igel. Finde immer das passende Wort und streiche die jeweils unpassenden durch.

Der Igel

An den braunen blauen grünen Stacheln mit weißer Spitze sind Igel ganz leicht zu erkennen. 8000 bis 10 000 von diesen Stacheln tragen sie auf dem Rücken. Nur am Bauch und im Gesicht, rund um die immer

5 feuchte Nase, die dunklen Knopfaugen und um die Ohren, wachsen Stacheln Haare Hörner. Von der Schnauze bis zum Stummelschwanz misst ein Igel 22 bis 30 Zentimeter. Allerdings ist der Schwanz so kurz, dass man ihn kaum sieht. Ein ausgewachsenes Tier wiegt ein bis anderthalb Gramm Tonnen Kilogramm.

10 Die meiste Zeit verbringt der Igel in seinem Versteck, zum Beispiel in einer Hecke, einem Laubhaufen oder in einem Holzstoß. Erst abends wird der Igel munter müde frech und beginnt mit der Nahrungssuche. Er trinkt badet frisst Regenwürmer, Schnecken, Raupen, Käfer oder kleine Vogeleier. Igel sind Einzelgänger und durchstöbern mit ihren gelben krummen langen

15 Beinchen Gebiete, die bis zu 130 Fußballfelder groß sind.

Obwohl sie so klein sind, können Igel ziemlich leise schnell laut fauchen. Sie haben sehr gute Ohren und Nasen, allerdings sehen riechen hören sie eher schlecht.

20 Wenn ein Igel Gefahr spürt, rollt er sich zusammen, sodass nur noch seine Stacheln Beine Haare zu sehen sind. Damit ist er vor vielen Feinden geschützt.

Das hilft jedoch nicht gegen Füchse Autos Marder. Viele Igel werden überfahren. Im Allgemeinen bekommen Igel einmal im Jahr, in den Monaten Juli bis September,

25 etwa vier bis sieben Junge. Igelkinder haben bei der Geburt noch keine Ohren Stacheln Beine, sie wachsen erst nach und nach.

Zur Überbrückung der nahrungsarmen kalten Monate halten Igel Winterschlaf. Im Sommer und Herbst

30 fressen sie sich ein Fettpolster an, damit sie die Wintermonate ohne Schlaf Nahrung Freunde überstehen können.

Textsorten unterscheiden

★★★ ① Hier sind verschiedene Textsorten durcheinandergeraten: Sachtext, Gedicht und Fabel. Markiere das Gedicht **grün**, den Sachtext **blau** und die Fabel **rot**.

> *Eine Fabel ist eine Geschichte, in der sich Tiere wie Menschen verhalten.*

Der Hase und die Schildkröte

Rechnen

Der Feldhase

Eine Schildkröte wurde wegen ihrer Langsamkeit von einem Hasen verspottet. Die Schildkröte sagte: „Lach du nur über mich! Ich bin sicher, dass ich ein Wettrennen gegen dich gewinne."

Feldhasen sind scheu, schnell und dank ihrer großen Ohren wirklich unverkennbar.

Wenn Hasenkinder Rechnen üben

Auffällig sind auch die kräftigen Hinterbeine und die langen Hinterfüße. Feldhasen wiegen zwischen 3,5 und 7 Kilogramm.

Ihr Fell ist gelblich grau bis ockerbraun oder braunrot und manchmal schwarz gesprenkelt.

Kurz vor dem Ziel setzte sich der Hase mit riesigem Vorsprung ins Gras und schlief kurz darauf ein. Die großen Sprünge hatten ihn müde gemacht. Doch dann wurde der Hase vom Jubel der Zuschauer geweckt, denn die Schildkröte hatte gerade das Ziel erreicht und gewonnen.

Die Ohren sind grau und haben an der Spitze einen schwarzen Fleck. Der Schwanz ist oben schwarz und unten weiß gefärbt. Feldhasen leben in lichten Wäldern, Steppen, Dünen, Wiesen oder auf Feldern.

Vom Kopf bis zum Hinterteil messen sie 42 bis 68 Zentimeter. Die Ohren können bis zu 14 Zentimeter lang werden.

dann tun sie das mit gelben Rüben:

Der Hase war durch das Vertrauen in seine Schnelligkeit leichtsinnig geworden. Deshalb konnte ihn sogar eine langsame Schildkröte besiegen.

Der Hase ließ sich aus Spaß auf das Wettrennen ein. Start und Ziel wurden festgelegt und es ging los. Die Schildkröte kroch langsam und unermüdlich. Der Hase dagegen legte fast die ganze Strecke mit riesigen Sprüngen zurück.

drei und drei und eins ist süben.
Jürgen Spohn

Pronomen verwenden

 ① Verbinde die Personalpronomen mit den passenden Sätzen.

Das sind mein Hund, meine Brezel und mein Zelt.

Das sind ihr Hund, ihre Brezel und ihr Zelt.

ich	Der Hund gehört ihr.	Das ist dein Hund.
du	Der Hund gehört uns.	Das ist ihr Hund.
er	Der Hund gehört dir.	Das ist mein Hund.
sie	Der Hund gehört mir.	Das ist sein Hund.
wir	Der Hund gehört ihnen.	Das ist euer Hund.
ihr	Der Hund gehört ihm.	Das ist ihr Hund.
sie	Der Hund gehört euch.	Das ist unser Hund.

 ② Bilde passende Sätze wie im Beispiel.

Die Brezel gehört mir.   **Das ist meine Brezel.**

Die Brezel gehört dir.   **Das ist**

Die Brezel gehört ihm.

Die Brezel gehört ihr.

Die Brezel gehört uns.

Die Brezel gehört euch.

Die Brezel gehört ihnen.

Pronomen verwenden

★
★ ①   Bilde Sätze und schreibe sie auf. Achte auf die richtige Verbform.

Ich	mögen
Du	essen
Milan	packen
Frau Koch	trinken
Wir	basteln
Ihr	suchen
Emira und Natalia	tauschen

meinen
deinen
seinen
ihren
unseren
euren
ihren

● Rucksack
● Kakao
● Bleistift

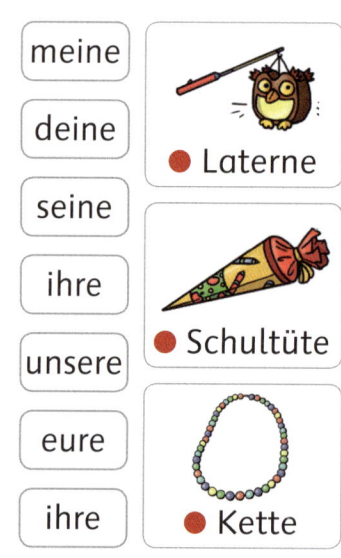

meine
deine
seine
ihre
unsere
eure
ihre

● Laterne
● Schultüte
● Kette

mein
dein
sein
ihr
unser
euer
ihr

● Lineal
● Wasser
● Eis

Ich packe meinen Rucksack.

Du

Verben mit Wortbausteinen

★ ① ★   Setze die Verben passend ein. Achtung: Ein Verb in jeder Reihe passt nicht. Achte auf die richtigen Personalformen.

(bekommen)   (mitkommen)   (entkommen)   (vorkommen)   (nachkommen)

Nach dem Überfall [＿＿＿＿＿＿＿] der Dieb.

Die ganze Familie fährt zum Schulfest. Mama muss

noch arbeiten. Sie [＿＿＿＿＿＿＿] [＿＿＿＿＿].

Natalia [＿＿＿＿＿＿＿] nur wenig Taschengeld.

Timo fragt Matteo: „[＿＿＿＿＿＿＿] du [＿＿＿＿＿] mir nach Hause?"

(abfahren)   (durchfahren)   (verfahren)   (ausfahren)   (einfahren)

Der Zug [＿＿＿＿＿] in den Bahnhof [＿＿＿＿＿].

Auf dem Weg zu Oma hat sich Papa [＿＿＿＿＿].

Milan [＿＿＿＿＿] mit dem Fahrrad [＿＿＿＿] eine Pfütze.

Der Feuerwehrwagen [＿＿＿＿＿] die Leiter [＿＿＿＿＿].

(gestehen)   (aufstehen)   (beistehen)   (entstehen)   (verstehen)

Dilara [＿＿＿＿＿] die Mathehausaufgaben nicht.

Wenn es sehr kalt ist, [＿＿＿＿＿] aus Wasser Eis.

Lina weckt Leo. „[＿＿＿＿＿] endlich [＿＿＿＿], du Faulpelz!"

Auf dem Polizeirevier [＿＿＿＿＿] der Dieb den Überfall.

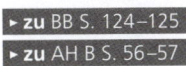 ▸ zu BB S. 124–125
▸ zu AH B S. 56–57
    1. trennbare Verben in Sätze einsetzen
(Prädikatsklammer bilden)
    87

Verben mit Wortbausteinen

★★ ① Schreibe zu den Bildern passende Sätze.
Wähle jeweils das richtige Verb.

(einlaufen)   (weglaufen)   (zerlaufen)   (verlaufen)

★★★ ② Ergänze den Text.

Wortbausteine können das Verb [   ]. Wortbausteine

wie **ab-**, **mit-**, **vor-**, **um-**, **aus-**, **weg-** können [   ]

werden. Diese Wortbausteine können nie abgetrennt werden:

_____, _____, _____, und _____.

Ein Bild beschreiben

 **①** Natalia beschreibt Momo das Haus, in dem sie wohnt.
Schreibe Natalias Beschreibung.

In meinem Haus

Andere Sprachen kennenlernen

★★ ① Sieh dir das Wörterbild genau an und übersetze.

deutsch	englisch	polnisch	türkisch	französisch
Auto				
Reifen				
Kofferraum				
Fenster				

★★ ② Gestalte selbst ein Wortbild. Überlege dir ein Thema und sammle Wörter in den Sprachen, die in deiner Klasse vorkommen.

deutsch					

Fehler erkennen und verbessern

★ ① Mia hat in ihrem Tagebucheintrag einige Fehler gefunden und unterstrichen. Dann hat sie die Fehler nummeriert.
Schreibe zu allen Fehlern die richtige Regel auf.

> Gestern ist mir Mamas liebstes Bilt ① runtergefallen.
> Es ging kaputt. Meine schwester ② Anna ist sofort
> aus dem Zimer ③ gerannt und hat es Mama erzählt.
> Wie gemein! Dafür habe ich heute Meuse ④ aus Stoff
> in Annas Bett versteckt. Sie hat richtik ⑤ laut geschrien
> und ist ins Badezimmer gefloen ⑥. Das nächste Mal
> verpetzt sie mich bestimmt nicht.

① Bild – weil:

② Schwester – weil:

③ Zimmer – weil:

④ Mäuse – weil:

⑤ richtig – weil:

⑥ geflohen – weil:

★★ ② Ergänze die Sätze.

⸻⸻⸻⸻⸻ werden immer großgeschrieben.

Auch andere Wörter werden großgeschrieben, wenn ⸻⸻

⸻⸻⸻⸻⸻⸻⸻

▸ zu BB S. 130–131
▸ zu AH B S. 60–61   1. einen Fehlertext lesen und richtige   2. Regeln zur Großschreibung benennen   91
Schreibung der Wörter begründen

Fehler erkennen und verbessern

★★ ① Acht Wörter sind falsch geschrieben. Unterstreiche und nummeriere sie. Verbessere sie dann auf den Linien.

①
Mein <u>Lieplingshaus</u> gehört meiner Oma. Es stet in Italien ganz nah am

Strant. In den Ferien gehe ich dort oft schwimen. Im Haus und im garten

ist ganz viel Platz zum Spielen. Oft essen wir draußen. Dort gibt es einen

tollen Ort mit duftenden Streuchern. In den Nechten ist es ganz ruhig.

Blöt ist aber, dass in der Nähe gar keine Kinder wohnen.

① **Lieblingshaus – weil:**

Einen Sachtext lesen

★ ① Lies den Text.

Das Legohaus

Im August 2009 wurde in Surrey, England, ein richtiges Haus aus Legosteinen gebaut. Die Idee dazu hatte der Moderator James
5 May. In seiner Fernsehsendung „Toy Stories" stellte er mit verschiedenen Spielzeugen echte Dinge her. Dieses Mal war es ein Haus aus Legosteinen.

10 Mit 1000 freiwilligen Helfern wurden innerhalb von etwa einem Monat rund 3,3 Millionen

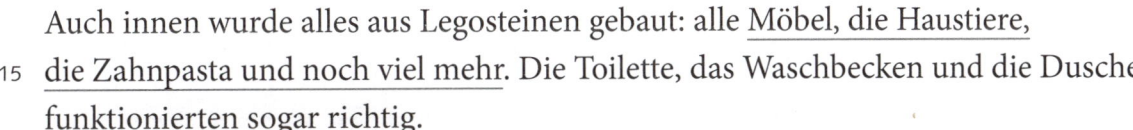

Legosteine verbaut. Das fertige Haus war knapp sechs Meter hoch und sehr bunt.

Auch innen wurde alles aus Legosteinen gebaut: alle Möbel, die Haustiere,
15 die Zahnpasta und noch viel mehr. Die Toilette, das Waschbecken und die Dusche funktionierten sogar richtig.

James May schlief eine Nacht in diesem Haus, in einem Bett aus Legosteinen. Das sah zwar toll aus, war aber sicherlich nicht sehr kuschelig.

20 Nachdem das Haus seinen Auftritt in Mays Fernsehsendung gehabt hatte, wollte es der Moderator ursprünglich an das Legoland in Windsor verkaufen. Leider wurde daraus nichts: Der Transport wäre zu schwierig und teuer gewesen. Dort, wo das Haus gebaut
25 wurde, konnte es aber auch nicht bleiben. Es gab keine Baugenehmigung. Also wurde das Legohaus am 22. September 2009 wieder abgerissen, nur wenige Wochen nach seiner Fertigstellung. Die 3,3 Millionen Legosteine, aus denen das Gebäude
30 bestand, wurden für wohltätige Zwecke gespendet.

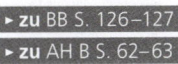

Einen Sachtext lesen

★
★ ① Schreibe zu den unterstrichenen Textstellen passende Fragen auf.

Wann wurde das Legohaus gebaut?

Wo

Wer

Wie viele

★
★ ② Beantworte die Fragen.

Warum war das Haus wohl nicht sehr gemütlich?

Für welche wohltätigen Zwecke könnten die Legosteine gespendet worden sein?

Das kann ich schon

1 Unterstreiche die Nomen im Text. Namen zählen nicht mit.

NATALIA UND UMUT SPIELEN <u>FEDERBALL</u> AUF
DEM SCHULHOF. AUF EINER BANK SITZT DIE LEHRERIN
UND SCHAUT ZU. NEBEN IHR SITZT LISA UND MALT
EIN BILD VON IHREM HAUS. HINTER EINEM BAUM
VERSTECKEN SICH LEO UND LINA IN EINER KISTE.

2 Schreibe die Nomen aus Aufgabe 1 mit bestimmtem Artikel,
unbestimmtem Artikel und in der Mehrzahl auf.

der Federball – ein Federball – die Federbälle

3 Markiere im Text die Selbstlaute rot, die Umlaute grün und
die Zwielaute gelb.

Heute bekommt die Klasse 3a ihr neues Pausenspielzeug. Es ist in Tüten
verpackt. Darin sind drei Bälle, fünf Springseile, zwei Rollbretter und
einige grüne Tischtennisschläger. Alle Kinder möchten in der Pause mit
den neuen Sachen spielen. Danach räumen sie das Spielzeug wieder
ordentlich in das Regal.

 ▸ zu AH A S. 8–11, 14   1. Nomen im Text erkennen
2. Nomen mit bestimmtem und
unbestimmtem Artikel und im Plural
aufschreiben   3. Selbstlaute, Umlaute und Zwielaute
erkennen   95

Das kann ich schon

① Schreibe zu den Nomen die Mehrzahl.

der Brief → [   ]   das Rätsel → [   ]

das Auto → [   ]   der Freund → [   ]

das Buch → [   ]   das Herz → [   ]

② Bilde zusammengesetzte Nomen und schreibe sie auf.

● E̶i̶n̶k̶a̶u̶f̶   ● Richtung   **der Einkaufswagen**

● Verkehr   ● Brief   [   ]

● Himmel   ● W̶a̶g̶e̶n̶   [   ]

● Liebe   ● Schild   [   ]

③ Male das richtige Kästchen an.

Gestern ha [t / tt] e Mia Geburtstag. Viele Kinder ka [m / mm] en zu Besuch.

Sie brachten to [l / ll] e Geschenke mit. Emira schenkte ihr eine ro [t / tt] e

Ke [t / tt] e. Momo überreichte ihr bunte Gli [z / tz] erstifte.

Mia bedan [k / ck] te sich her [z / tz] lich bei ihren Gästen. Dann

se [z / tz] ten sich alle Kinder an den gede [k / ck] ten Tisch. Er war schön

geschmü [k / ck] t. Ein richtig ne [t / tt] er Geburtstag.

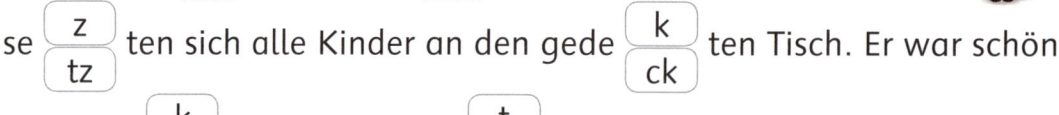

Das kann ich schon

1 Überlege dir ein Verb. Male es und setze es passend ein.

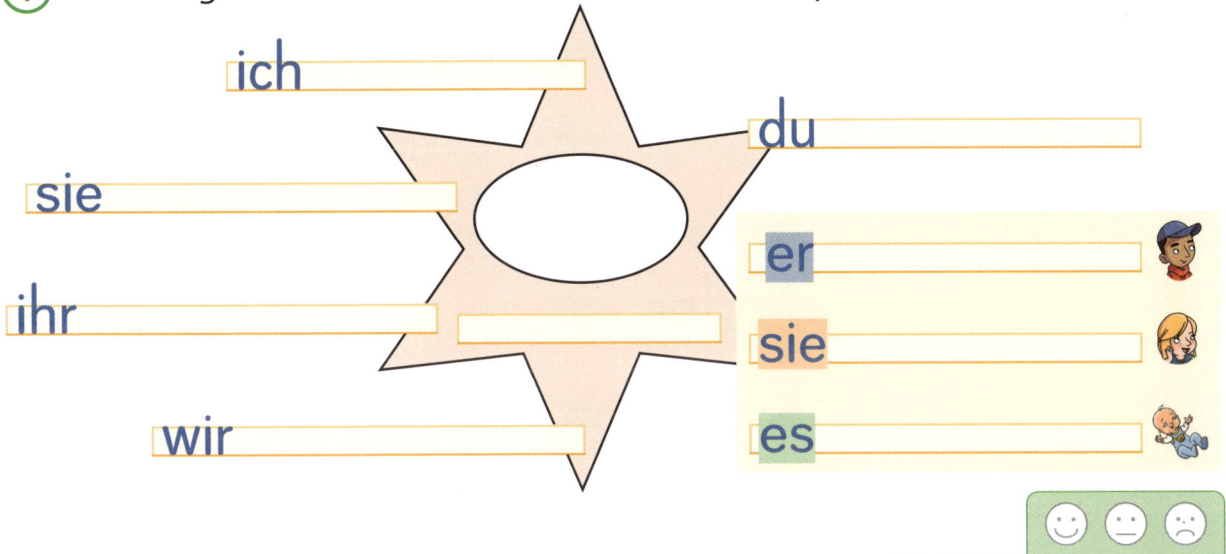

ich

du

sie

er

ihr

sie

wir

es

😊 😐 ☹️

2 Setze die Pronomen ein.

Es ist Nacht. Der Mond steht am Himmel. ⬜ ist hell

und rund. Die Sterne funkeln. ⬜ leuchten im Dunkeln.

Mia schläft. ⬜ träumt von ihrem Besuch auf der Feuerwache.

😊 😐 ☹️

3 **b** oder **p**, **g** oder **k**, **d** oder **t**? Bilde erst die Mehrzahl im Kopf. Schreibe das Wort dann richtig in der Einzahl auf.

⬜ ⬜ ⬜

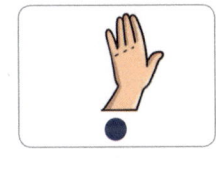  

⬜ ⬜ ⬜

😊 😐 ☹️

Das kann ich schon

① Trage die Vergleichsstufen ein.

Grundstufe	1. Vergleichsstufe	2. Vergleichsstufe
		am lautesten
gern		
	schärfer	

② Trage die richtigen Pronomen in die Satzlücken ein.

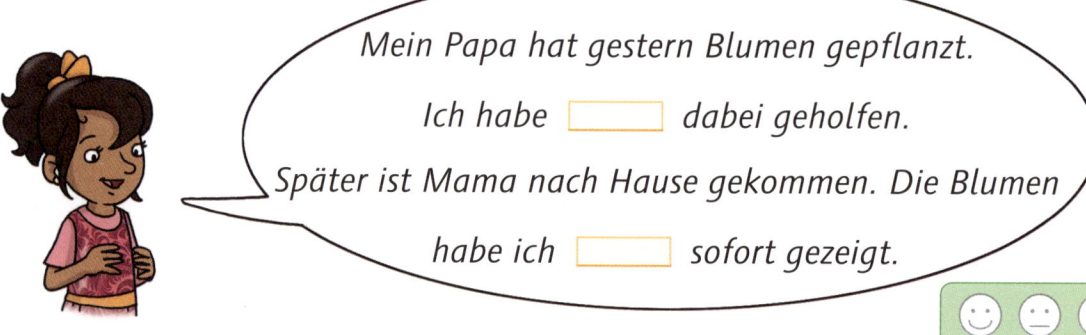

Mein Papa hat gestern Blumen gepflanzt.

Ich habe _____ dabei geholfen.

Später ist Mama nach Hause gekommen. Die Blumen

habe ich _____ sofort gezeigt.

③ b oder p, d oder t, g oder k? Trage die fehlenden Buchstaben ein.

 Die Decke ist bun__.    Der Schal ist gel__.

 Der Mann ist star__.    Das Gespenst ist gruseli__.

④ Setze die richtigen Satzzeichen ein.

Umut und Momo laufen gleich ☐

Los ☐

Wer läuft als Nächstes ☐

1. Vergleichsstufen bilden, auch unregelmäßige Formen, z. B. gern
2. Sätze mit Personalpronomen *ihm* und *ihr* vervollständigen
3. Verlängerungsstrategie bei Adjektiven
4. auf Bildern unterschiedliche sprachliche Situationen erkennen; richtige Satzzeichen einfügen

Das kann ich schon

① Setze in den Begleitsätzen unterschiedliche passende Verben ein.

② Unterstreiche in den Sätzen den Begleitsatz <u>grün</u> und
die wörtliche Rede <u>gelb</u>.
Setze die Doppelpunkte, die Redezeichen und die Satzzeichen ein.

Natalia und Emira beobachten Timo und Milan beim Fußballspielen.

Natalia beugt sich zu Emira und ⬚ ▢ ▢ Ich finde,

dass Timo ganz toll Fußball spielen kann ▢ ▢

Emira ⬚ ▢ ▢ Du hast doch

keine Ahnung vom Fußball ▢ ▢

Natalia ⬚ ▢ ▢ Aber Timo hat

schon drei Tore geschossen ▢ ▢

Plötzlich stürzt Timo und ⬚ ▢ ▢ Aua, mein Fuß ▢ ▢

Emira läuft hin und ⬚ ▢ ▢ Sollen wir

deine Mutter holen ▢ ▢

Timo ⬚ ▢ ▢ Ja, sie ist zu Hause ▢ ▢

😊 😐 🙁

---

③ Setze **ng** oder **nk** ein.

Mia wi___t Lisa zu.

Lina ta___t Leos Auto voll.

Emira bri___t ein Geschenk mit.

Das Bild hä___t an der Wand.

Umut de___t lange nach.

Momo spri___t vor Freude in die Luft.

😊 😐 🙁

Das kann ich schon

① Was haben die Kinder gestern gemacht?
Schreibe in der Vergangenheit auf.

 **fahren**   Sie ist gestern mit dem Fahrrad gefahren.

 **rutschen**   Er

 **spielen**   Sie

 **lesen**

② Was stimmt? Sieh dir die Nomen in den bunten Rahmen genau an.
Streiche die beiden falschen Wörter in jedem Satz durch.

Zahl   Stress   Schatz   Walze

Mama ist heute gesträsst   gestrest   gestresst .

Papa hat sich verschäzt verschätzt verschetzt .

Das Bison wälzt   wältzt   welzt   sich im Sand.

Mia hat sich verzält   verzählt   verzehlt .

Das kann ich schon

1 Stelle den Satz um und schreibe ihn auf.
Bilde zwei Aussagesätze und einen Fragesatz.
Kreise immer das Verb rot ein.

| Leo | schreibt | eine E-Mail | an Lina |

2 Stelle den Satz um und schreibe ihn auf.
Bilde einen Aussagesatz und einen Fragesatz.
Die Wörter, die immer zusammenbleiben, sind Satzglieder.
Trenne die Satzglieder dann durch Striche ab.

Lisa surft am liebsten mit Dilara im Internet.

3 **ä** oder **e**? **äu** oder **eu**? Setze ein.

| N____chte | Geb____de | ____ßerlich | t____er |

| M____ter | P____ckchen | tr____men | L____te | H____ft |

| k____mmen | L____fer | n____gierig | Fahrz____g | F____rien |

Das kann ich schon

① Unterstreiche in den Sätzen die Subjekte und
kreise die Prädikate ein.

Das Eichhörnchen flitzt über die Wiese.
Auf dem See schwimmt eine Ente.
Die Maus läuft vor der Katze fort.

② Schreibe die Nomen in der Verkleinerungsform
mit dem bestimmten Artikel auf.

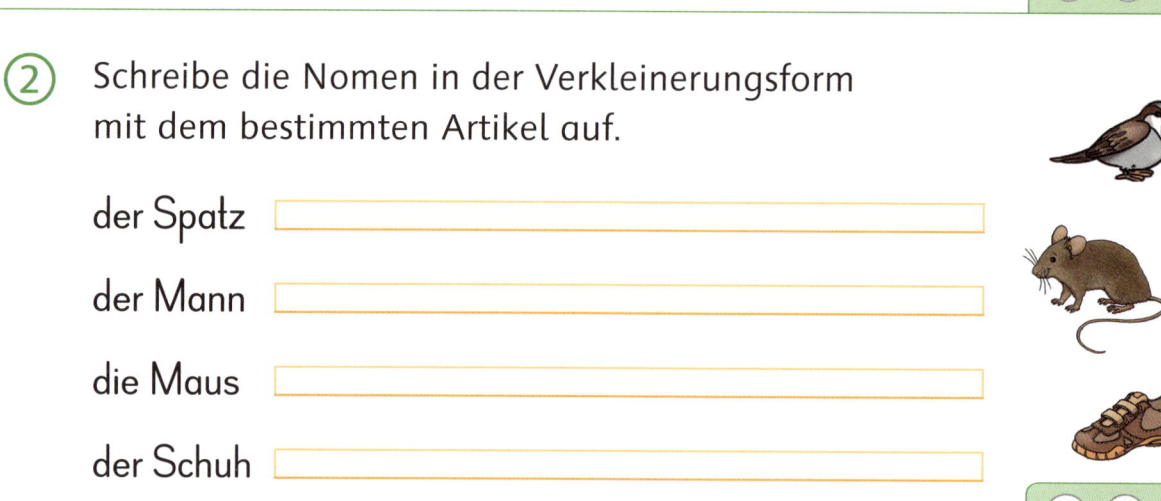

der Spatz

der Mann

die Maus

der Schuh

③ Welches Verb ist gesucht? Vervollständige die Sätze.

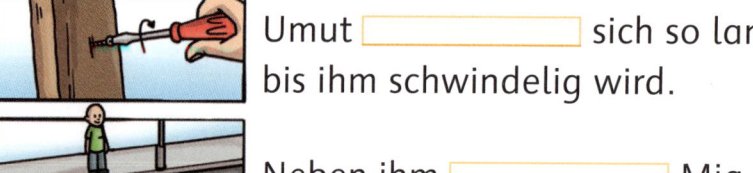
Umut _____ sich so lange,
bis ihm schwindelig wird.

Neben ihm _____ Mia und schaut zu.

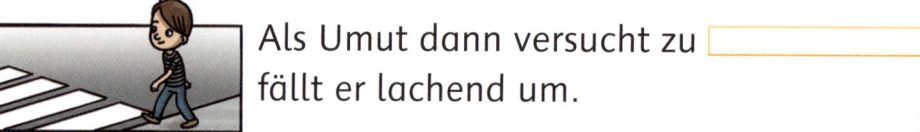
Als Umut dann versucht zu _____,
fällt er lachend um.

④ Schreibe die Wörter nach dem Alphabet geordnet auf.

Schwan　　schön　　schwirren　　segeln　　schwimmen

▶ zu AH B S. 38–39, 41, 44–47

1. Subjekt und Prädikat im Satz markieren
2. Diminutiv zu Ausgangswort bilden
3. Personalform von Verben mit silbentrennendem *h* bilden
4. Wörter alphabetisch ordnen

Das kann ich schon

① Bilde passende Sätze wie im Beispiel.

Das Buch gehört mir.   **Das ist mein Buch.**

Das Springseil gehört uns.

Der Roller gehört ihm.

☺ 😐 ☹

② Schreibe zu den Bildern passende Sätze.
Wähle jeweils das passende Verb.

verbinden   anbinden   umbinden

☺ 😐 ☹

③ Fünf Wörter sind falsch geschrieben. Streiche sie durch und
verbessere sie.

FEHLER!

An der Want in Timos Zimmer hängt ein Poster mit den höchsten

Heusern der welt. Auf einem großen Turm in China stet eine riesige

Antenne. Timo möchte sie einmal sehen, wenn er elter ist.  ☺ 😐 ☹

▸ zu AH B S. 54–57, 60–61   1. Sätze mit Possessivpronomen schreiben   3. einen Fehlertext lesen und die Fehler
2. Sätze mit trennbaren und nicht   verbessern
trennbaren Verben schreiben   **103**

Übungen mit der Wörterliste

① Schreibe die Wörter nach dem Alphabet geordnet auf.
Markiere immer den 2. Buchstaben. Kontrolliere mit der Wörterliste.

| laufen | Lampe | Lager | lang | lachen | Laterne |

② Schreibe die Wörter nach dem Alphabet geordnet auf.
Kontrolliere mit der Wörterliste.

| Flugzeug | Hund | backen | Zwerg | pfeifen | Taube | fliegen | Dusche | Badeho...

| Tauchring | Schatz | Ast | Buch | lustig | Schutzanzug | malen | groß | Pferd

③ Wie werden die Wörter geschrieben?
Schlage sie in der Wörterliste nach und schreibe sie auf.
Ordne die Wörter dann nach dem Alphabet.

Übungen mit dem Wörterbuch

① Schlage eine Seite in deinem Wörterbuch auf.
Schreibe alle Wörter mit drei Buchstaben auf.

☺ ☹ ☹

② Suche in deinem Wörterbuch fünf Wörter für Dinge,
die in deine Hosentasche passen. Schreibe auf.

☺ ☹ ☹

③ Sind die Wörter richtig geschrieben? Kontrolliere mit deinem
Wörterbuch. Streiche die falsch geschriebenen Wörter durch und
schreibe das richtige Wort daneben.

● Bluhme _____   ● Boot _____

● Korp _____   ● Ree _____

☺ ☹ ☹

④ Suche die Grundform der Verben. Schreibe die Grundformen auf.

	Grundform		Grundform
geflogen		gewusst	
geschrien		gesessen	
geblieben		genommen	

☺ ☹ ☹

1./2. Wörter im Wörterbuch nachschlagen   4. Arbeit mit der Wörterliste: Infinitiv
3. Rechtschreibung mit einem Wörterbuch   anhand des Partizips finden
kontrollieren

105

Fachbegriffe und Merksätze

① Ergänze die fehlenden Wörter und Buchstaben.

a, **e**, **i**, **o**, **u** sind _____ .

au, **äu**, **ei**, **eu** sind _____ .

___ , ___ , ___ sind Umlaute.

Alle anderen Laute heißen _____ .

② Schreibe die bestimmten und unbestimmten Artikel auf.

bestimmte Artikel: _____

unbestimmte Artikel: _____

③ Nomen kannst du durch Pronomen ersetzen.
Unterstreiche die Pronomen.

Matteo ist schlecht gelaunt. Gestern haben sich Emira und
er gestritten. Wie wird sie wohl reagieren, wenn sie sich in
der Schule sehen? Er setzt seinen Fahrradhelm auf und
fährt los. Im Klassenraum schaut Matteo mürrisch zu Emira.
Doch was ist das? Sie schneidet eine lustige Grimasse und
winkt Matteo freundlich zu. Er muss grinsen.
Auf einmal ist der ganze Streit vergessen. Auch Emira
lächelt. In der nächsten Pause vertragen sie sich wieder.

④ Ergänze die Sätze.

Verben haben einen _____ und eine Endung.

Sie haben eine Grundform und verschiedene _____ .

Die Zeitformen von Verben sagen, _____ etwas geschieht.

▸ zu BB S. 150–151   1.–4. Fachbegriffe üben und sichern:
Selbst-/Zwie-/Um-/Mitlaut;
bestimmter und unbestimmter Artikel;
Pronomen; Wortstamm, Zeitformen   10

Fachbegriffe und Merksätze

① Verbinde die Fachbegriffe mit der passenden Form des Adjektivs.

Grundstufe   höher   2. Vergleichsstufe

1. Vergleichsstufe   hoch   am höchsten

☺ ☺ ☹

② Setze nach jedem Satz das richtige Satzzeichen und schreibe die Satzart dazu.

„Los, komm ☐ ", ruft Leo. _____

Leo rennt mit Lina über die Wiese ☐ _____

Wer ist wohl schneller ☐ _____

☺ ☺ ☹

③ Beschrifte die Teile der wörtlichen Rede.

_____ _____

Lina meckert☉ „Ich habe keine Lust zu tanzen."

_____

_____

_____

☺ ☺ ☹

④ Ergänze die Sätze.

Die Teile des Satzes, die beim Umstellen immer zusammenbleiben,

heißen _____ . Mit der *Wer-oder-was-Frage*

findest du das _____ . Das Prädikat ist immer

ein _____ .

☺ ☺ ☹

⑤ Unterstreiche in dem Satz das Subjekt und kreise das Prädikat ein.

Der kleine Junge spielt mit seinen Figuren im Sand.

☺ ☺ ☹

▸ zu BB S. 150–151   1.–5. Fachbegriffe üben und sichern: wörtliche Rede, Begleitsatz, Doppelpunkt,   **107**
Adjektiv, Grundstufe, Vergleichsstufen;   Redezeichen; Satzglied, Subjekt, Prädikat
Aussage-/Frage-/Ausrufesatz;

So schreiben wir

① Du möchtest eine Geschichte über einen Außerirdischen schreiben. Überlege dir:

Wie soll deine Geschichte sein? Male an oder schreibe auf.

lustig	gruselig	spannend	traurig	

Wie soll deine Hauptfigur sein?
Beschreibe und male deinen Außerirdischen.

☐ grün   ☐ blau   ☐ _____   ☐ groß   ☐ klein

☐ freundlich ☐ böse   ☐ dick   ☐ dünn

☐ gefährlich ☐ dünn

☐ hässlich   ☐ harmlos

☐ albern   ☐ ernst

☐ mit Antennen auf dem Kopf

☐ mit _____ Armen/Beinen

☐ _____

Wer spielt noch mit? Schreibe auf.

_____

_____

Wo spielt die Geschichte? Male oder schreibe.

So schreiben wir

① Überlege dir zu deiner Geschichte über den Außerirdischen auch:

Was passiert? Plane deine Geschichte mit dem Geschichten-Faden.

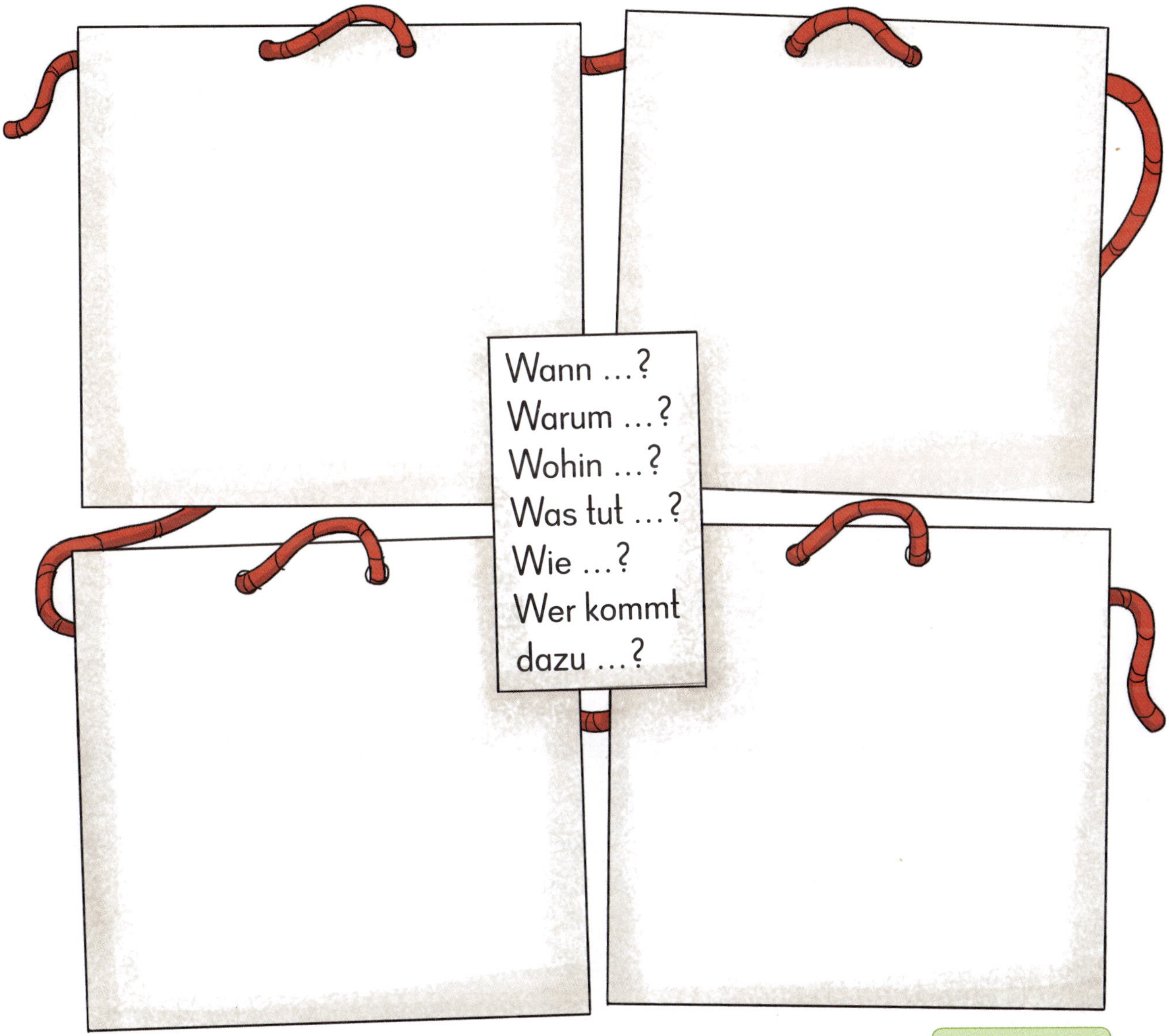

> Wann …?
> Warum …?
> Wohin …?
> Was tut …?
> Wie …?
> Wer kommt dazu …?

② Schreibe deine Geschichte in dein Heft.
Diese Anfänge können dir helfen.

Umut liegt in seinem Bett. Plötzlich …

Weit, weit fort von hier …

Lautes Summen tönt durch die Nacht. Ein hell blinkendes Ufo …

So schreiben wir

① Momo hat eine Geschichte über einen Außerirdischen geschrieben.
Lies die Geschichte.

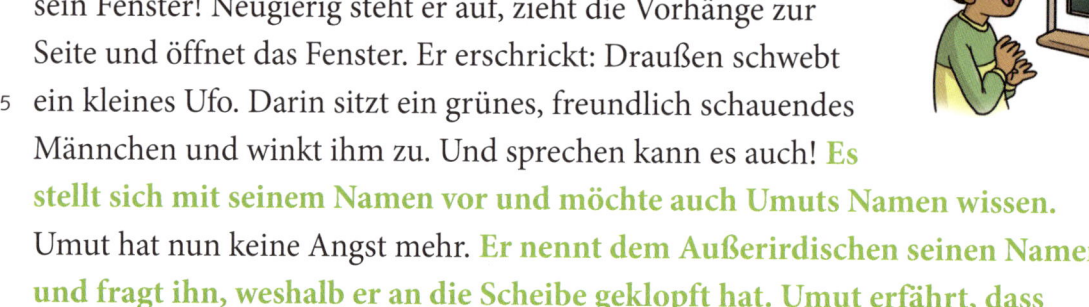

Es ist Nacht. Umut liegt in seinem Bett und schläft fast schon.
Da hört er plötzlich ein seltsames Geräusch. Es klopft leise an
sein Fenster! Neugierig steht er auf, zieht die Vorhänge zur
Seite und öffnet das Fenster. Er erschrickt: Draußen schwebt

5 ein kleines Ufo. Darin sitzt ein grünes, freundlich schauendes
Männchen und winkt ihm zu. Und sprechen kann es auch! **Es
stellt sich mit seinem Namen vor und möchte auch Umuts Namen wissen.**
Umut hat nun keine Angst mehr. **Er nennt dem Außerirdischen seinen Namen
und fragt ihn, weshalb er an die Scheibe geklopft hat.** Umut erfährt, dass

10 **dem grünen Männchen langweilig war und es jemanden sucht, der mit ihm
eine Runde im Ufo fliegt.**
Umut klettert begeistert aus dem Fenster und steigt in das Ufo. Als er sich setzt,
wackelt es wie ein Boot auf hoher See. **Das Männchen fragt Umut, wohin er fliegen
möchte. Umut hat die Stadt noch nie von oben gesehen. Deshalb schlägt er vor,**

15 **einen Rundflug über die Häuser zu machen.** Schon geht es los! Sie fliegen an
der Schule und am Schwimmbad vorbei. Sie überqueren den großen Fluss und
stoßen über dem Flughafen beinahe mit einem landenden Flugzeug zusammen.
Im letzten Augenblick können sie ausweichen. Umut hat viel Spaß, aber nach einiger
Zeit wird er müde. **Er bittet das Männchen ihn zurückzubringen. Der**

20 **Außerirdische ist einverstanden** und fliegt zu dem Haus, in dem Umut wohnt.
Dort steigt Umut aus **und bedankt sich bei seinem neuen Freund aus dem Weltall.
Umut erzählt, wie sehr ihm der Flug Spaß gemacht hat. Auch sein außerirdischer
Freund sagt, dass es ihm gefallen hat.** Beide winken sich ein letztes Mal zu.
Umut sinkt müde ins Bett und träumt von dem Flug über die Stadt.

② Mit wörtlicher Rede kannst du Momos Geschichte viel lebendiger
machen. Schreibe die Geschichte in dein Heft. Bilde dabei aus

den Sätze in grüner Schrift wörtliche Rede.
Denke an Begleitsätze und die Anführungszeichen.

> Das grüne Männchen sagt: „Ich bin ... . Und wer bist du?"
> Umut antwortet: „Ich heiße Umut. ..."

So schreiben wir

1 Lies diese Geschichte über einen Außerirdischen.
Überarbeite die Geschichte dann mithilfe der Hinweise:

- Ersetze einige der grün markierten Nomen
  durch Personalpronomen.
- Benutze abwechslungsreiche Wörter
  für die hellblau markierten Satzanfänge.
- Finde passende Wörter für die rot markierten Verben.

Momo geht auf den Spielplatz. Dort trifft Momo einen Außerirdischen.

Momo sagt: „Hallo. Ich bin Momo." Das kleine Männchen sagt: „Hallo,

ich bin Lui von der Milchstraße." Momo fragt: „Was machst du hier?"

Lui sagt: „Ich möchte hier spielen." „Lass uns zusammen spielen",

sagt Momo. „Gut!", sagt der Außerirdische. Beide wollen wippen.

Dann schaukeln sie. Dann spielen sie im Sandkasten und bauen

ein Ufo aus Sand. Dann rutschen sie die Rutsche hinunter. Dann sagt

Lui: „Ich fliege jetzt nach Hause. Ich muss noch Milch einkaufen für

das Abendessen. Tschüss!" Auch Momo sagt: „Tschüss!"

	Sprache untersuchen	Schreiben / Richtig schreiben	Lesen – mit Texten und Medien umgehen
Unsere Schule – meine Klasse S. 5–14	Singular und Plural **S. 5/6**; bestimmter und unbestimmter Artikel **S. 7/8**	Bild als Schreibanlass **S. 9/10**; Selbst-, Um- und Zwielaute identifizieren, Wörter in Silben gliedern **S. 11**; Stammableitung bei Wörtern mit ä oder äu **S. 12**	einem Text Informationen entnehmen, diskontinuierlichen Text (Stunden-/Essensplan) lesen und ergänzen **S. 13/14**
Ich und du S. 15–24	Nomen: Formen der Pluralbildung mit -e, -n, -er, -en, -s und unveränderter Endung **S. 15/16**; Komposita: Nomen + Nomen mit Fugen-s bzw. Fugenzeichen -(e)n und -er (Pluralform) **S. 17/18**	Akrostichon/Gedicht nach Muster schreiben **S. 19/20**; Vokallänge abhören, Fremdwörter mit *kk* oder *zz* **S. 21/22**	Gedichte analysieren **S. 23/24**
Ich kenne mich aus S. 25–34	Personalform von Verben bilden **S. 25/26**; Personalpronomen als Stellvertreter von Nomen, unpersönliches Subjekt *es* **S. 27/28**	diskontinuierlichen Text (Stadtplan) lesen, einen Weg beschreiben **S. 29**; Piktogramme verstehen **S. 30**; Nomen mit Auslautverhärtung verlängern **S. 31/32**	Fragen zu einem Text beantworten **S. 33/34**
Bei mir zu Hause S. 35–46	Vergleichsstufen bilden und verwenden, Absolutadjektive erkennen **S. 35/36**; Personalpronomen im Dativ *ihm/ihr/mir/dir* **S. 37/38**	Ende einer Geschichte planen und schreiben **S. 39/40**; Adjektive mit Auslautverhärtung **S. 41/42**; Satzschlusszeichen, Satzarten unterscheiden **S. 43/44**	Fragen zu einem Text beantworten, Belegstellen im Text finden und markieren **S. 45/46**
Ich stelle mir vor S. 47–54	Wortfeld *sagen* **S. 47**; wörtliche Rede mit vorangestelltem Begleitsatz, Redezeichen ergänzen **S. 48**	einen Text verbessern **S. 49**; einen Dialog schreiben **S. 50**; Verben/Nomen mit *ng* oder *nk* **S. 51/52**	Sätze der passenden Geschichte zuordnen, Sätzen Informationen entnehmen und dadurch Bilder ergänzen (Logikrätsel lösen) **S. 53/54**
Zeit für mich S. 55–64	Verben im Präsens und Perfekt, Bildung des Perfekts mit den Hilfsverben *haben* und *sein* in allen Personalformen, Texte in das Perfekt umformulieren **S. 55–58**	W-Fragen zuordnen, ergänzen und beantworten, ein Werbeplakat gestalten **S. 59/60**; Wortfamilien erkennen, Rechtschreibstrategie *Ableiten* **S. 61/62**	in einem dialogischen Text die Redeanteile den Protagonisten zuordnen **S. 63/64**
Computermaus und Lesekater S. 65–74	Wortschatz *Computer/Internet* üben **S. 65**; S-P-O-Sätze: Satzglieder erkennen und umstellen, Verb in Frontstellung, Fragesätze bilden **S. 66–68**	Fantasiegeschichte planen (Bild malen, Leitfragen, Mind-Map) und schreiben **S. 69/70**; Wortfamilien erkennen, Ableiten: Wörter mit *ä/äu*, Merkwörter mit *ä/äu* **S. 71/72**	Fragen zu einem Text beantworten **S. 73/74**
Die Welt um mich herum S. 75–84	Subjekt und Prädikat im Satz erkennen, Analyse der Frage nach dem Subjekt **S. 75/76**; Wortfeld *bewegen* **S. 77**; Diminutive bilden und verstehen **S. 78**	einem Text Informationen entnehmen, mit diesen einen Tiersteckbrief schreiben **S. 79/80**; Wörter mit Silben-h **S. 81**; Wörter alphabetisch ordnen **S. 82**	kontextbezogenes Einsetzen von Wörtern im Text **S. 83**; verschiedene Textsorten erkennen und markieren **S. 84**
Bei uns und anderswo S. 85–94	Possessivpronomen **S. 85/86**; trennbare und nicht trennbare Präfixverben mit Wortbausteinen (Verbklammer), Bedeutungsänderung durch Präfixe erkennen **S. 87/88**	ein Bild unter Verwendung von Possessivpronomen beschreiben **S. 89**; ein fremdsprachliches Wortbild verstehen, ein eigenes Wortbild gestalten **S. 90**; Rechtschreibstrategien anwenden, Regeln zur Großschreibung benennen **S. 91/92**	Fragen an einen Text stellen, Fragen, die über eine reine Texterschließung hinausgehen, beantworten **S. 93/94**
Das kann ich schon S. 95–103	Wiederholung der wichtigsten Inhalte des Lernbereichs *Sprache untersuchen*	Wiederholung der wichtigsten Inhalte des Lernbereichs *Schreiben / Richtig schreiben*	
Übungen mit der Wörterliste / dem Wörterbuch S. 104–105		Wörter alphabetisch ordnen und durch Nachschlagen kontrollieren, Arbeit mit der Wörterliste/dem Wörterbuch **S. 104/105**	
Fachbegriffe und Merksätze S. 106–107	alle Fachbegriffe wiederholen und nachschlagen **S. 106/107**		
So schreiben wir S. 108–111		Ideen finden **S. 108/109**; Texte planen und schreiben **S. 109**; wörtliche Rede in Texten verwenden **S. 110**; einen Text überarbeiten **S. 111**	